だいたいで楽しい
スペイン語入門
使える文法

徳永志織 著

SANSHUSHA

はじめに

　本書は、スペイン語の勉強を始める人のための文法入門書です。日本人にはとても発音しやすい言語で、いくつかの注意点を抑えておけばほぼローマ字読みでOK。けれども、文法となると話は別です。「動詞の活用が多すぎる！」「名詞に性別があるなんて！」「形容詞や冠詞まで変化するの？」と、少々うんざりしてしまうかもしれません。しかしながら、文法は言語の骨組み。そこをしっかりと押さえておけば、後は語彙や言い回しを覚えて、肉付けしていくことが可能となります。敬遠されがちな文法ですが、使いこなすと外国語習得にはとっても便利なツールなのです。本書では、「広く浅く」、スペイン語文法の全体図を何となくわかってもらえるように、そして、次のステップへの橋渡しとなるように、少し多めの文法事項を扱っています。

　文法事項の難所は「散策マップ」で確認できます。もし「高い山」で息切れしてしまったら、ちょっと「低めの山」に進んでください。そして「さあ、高い山に登るぞ！」とパワーをチャージできたら、再び「高い山」にチャレンジしましょう。ただ、外国語の習得は長い道のり。途中で挫折しそうになることがあるかもしれません。そんな時は、各課の「まとめ」を集めた「おさぼりカード」を見て、スペイン語への興味をちょっとだけ持続させてください。ふと「あ！こんなに簡単なことだったんだ！」と理解できる瞬間が来るはずです。そして、「マイ予定表」には、目標や、「ここまで終わったらスペインバルに行く！」「スペイン旅行！」など、がんばっている自分への「ごほうび」を書き込んで励みにしましょう。

　本書が皆さんのスペイン語学習の一助となることを、心より願っております。

　　　　　　　　　　　　　　　　　　　　　　　　　　　徳永志織

スペイン語文法 散策マップ

- 不規則動詞
- 再帰動詞
- 疑問文
- 関係代名詞
- 前置詞
- 規則動詞
- スタート
- 発音

ゴール

接続法

目的語の代名詞

gustar

形容詞の性・数

名詞の性・数

動詞の活用

冠詞

本書の使い方

本書は、ひと通り最後までできるように配慮しました。
① 「これだけ」の内容で、下の問題が解けるようになっています。
② 「もっと」の内容で、次のページの問題が解けるようになっています。
③ 余力のある方は「＋α」も読んでみてください。
④ 5課ごとに「まとめのドリル」があります。力試しにお使いください。
⑤ 「まとめ」は、持ち歩けるように、巻末にカードとしてまとめました。
　本書付属 CD は、🔊 マークのついた個所のスペイン語を収録しています。
(1課〜30課のキーフレーズと「これだけ」「問題の答え」「もっと1」「もっと2」、まとめのドリル)

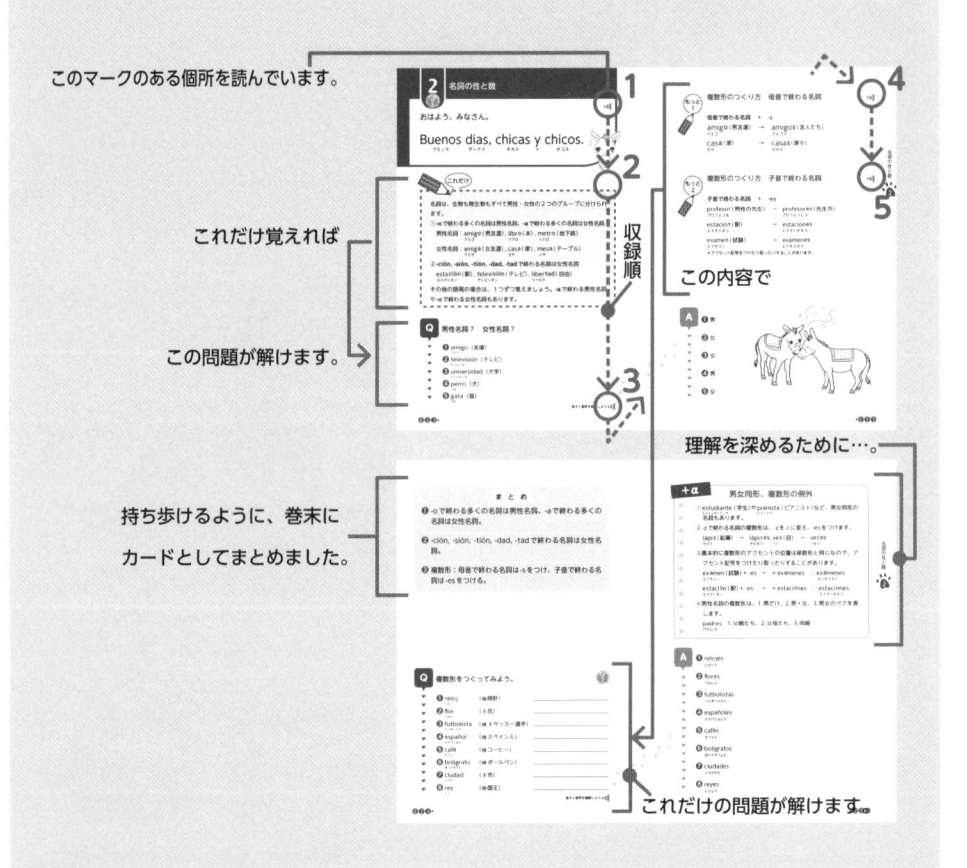

このマークのある個所を読んでいます。

これだけ覚えれば

この問題が解けます。

収録順

この内容で

理解を深めるために…。

持ち歩けるように、巻末に
カードとしてまとめました。

これだけの問題が解けます。

もくじ

スペイン語文法散策マップ ……………………………………… 4
本書の使い方 ……………………………………………………… 6
夢をかなえる マイ予定表 ………………………………………… 12

STEP1

1 つづりと発音 ………………………………………………… 16
こんにちは！ 私はまりこです。M-A-R-I-K-O です。
¡Hola! Soy Mariko, m-a-r-i-k-o.

2 名詞の性と数 ………………………………………………… 22
おはよう、みなさん。
Buenos días, chicas y chicos.

3 定冠詞と不定冠詞 …………………………………………… 26
私にはスペイン人の友達が1人います。
Tengo un amigo español.

4 主語と ser …………………………………………………… 30
こんにちは、私はのりこです。日本人です。はじめまして。
Hola, soy Noriko. Soy japonesa. Encantada.

5 形容詞の性と数 ……………………………………………… 34
私は白いワンピースが欲しい。
Quiero un vestido blanco.

まとめのドリル 1 ………………………………………………… 38
コラム① 朝ご飯 ………………………………………………… 40

STEP2

6 疑問文と否定文 ·· 42
「君は中国人？」「いいえ、中国人ではありません。日本人です」
¿Eres chino? – No, no soy chino. Soy japonés.

7 指示詞 ·· 46
この建物は法学部で、あれは医学部だよ。
Este edificio es de la Facultad de Derecho y aquel es de la Facultad de Medicina.

8 所有詞 ·· 50
あの人たちは僕の両親です。
Aquellos señores son mis padres.

9 数詞 ·· 54
カフェオレを2つお願いします。
Dos cafés con leche, por favor.

10 estar と hay と ser ·· 58
プラド美術館はマドリッドにあります。
El Museo del Prado está en Madrid.

まとめのドリル 2 ·· 62
コラム② スペイン時間 ··· 64

STEP3

11 規則動詞の直説法現在 ···································· 66
私はスペイン語と日本語を話します。
Hablo español y japonés.

12 1人称単数が不規則な動詞 ·········· 70

「買い物に行くの？」「ええ、すぐに出かけます」

¿Sales de compras? – Sí, salgo dentro de un rato.

13 語幹母音変化動詞 ·········· 74

コンサートは8時に始まります。

El concierto empieza a las ocho.

14 その他の不規則動詞 ·········· 78

私はとてもお腹がすいています。

Tengo mucha hambre.

15 前置詞 ·········· 82

私はバルセロナ出身です。

Soy de Barcelona.

まとめのドリル 3 ·········· 86
コラム③　バル ·········· 88

STEP4

16 疑問詞を使った疑問文 ·········· 90

「大学で何を勉強しているの？」「法律を勉強しているの」

¿Qué estudias en la universidad? – Estudio Derecho.

17 目的語の代名詞 ·········· 94

「私のこと愛している？」「うん、とても愛しているよ」

¿Me quieres? – Sí, te quiero mucho, cariño.

18 gustar型の動詞 ·········· 98

「チョコレートが好きですか？」「はい、とても好きです」

¿Te gusta el chocolate? – Sí, me gusta mucho.

19 比較表現 ……………………………………………… 102

マリアは彼女のお姉さんより背が高い。

María es más alta que su hermana mayor.

20 再帰動詞 ……………………………………………… 106

私は、金曜日はかなり遅く寝ます。

Los viernes me acuesto muy tarde.

まとめのドリル 4 ……………………………………… 110

コラム④　2つの名字 …………………………………… 112

STEP5

21 関係代名詞 ……………………………………………… 114

校長先生と一緒にいる女性は僕の母です。

La señora que está con el director es mi madre.

22 天候などを表す単人称文 ……………………………… 118

今日はとても良い天気だなあ。

Hoy hace muy buen tiempo.

23 過去分詞と直説法現在完了 …………………………… 122

「もうお昼を食べた？」「いいえ、まだ食べていないわ」

¿Ya has comido? – No, no he comido todavía.

24 現在分詞と進行形 ……………………………………… 126

私は明日の試験のために勉強しています。

Estoy estudiando para el examen de mañana.

25 直説法点過去 …………………………………………… 130

昨晩、かなり遅く寝ました。

Anoche me acosté muy tarde.

まとめのドリル 5 ·· 134
コラム⑤　クリスマス ··· 136

STEP6

26 直説法線過去 ··· 138
小さいころ、僕は毎週日曜日サッカーをしていました。
De pequeño, jugaba al fútbol todos los domingos.

27 直説法未来 ·· 142
明日、私は祖父母を訪れるつもりです。
Mañana visitaré a mis abuelos.

28 接続法現在 ·· 146
僕は君にもっと勉強してほしい。
Espero que estudies más.

29 命令法 ·· 150
君、もっと大きな声で話しなさい。
Habla más alto.

30 接続法過去 ·· 154
君がパーティーに来ないのが残念だった。
Sentí que no vinieras a la fiesta.

まとめのドリル 6 ·· 158
コラム⑥　祭事 ·· 160

基本単語 ··· 162
重要動詞活用表 ·· 169
おさぼりカード ·· 173

夢をかなえる マイ予定表

空欄に目標を書き込んで、自分だけの予定表をつくろう。

スペイン人の友だちをつくる

がんばるぞ！

スタート → STEP1 → 1 → 2 → 3 → 4 → 5 → … → 12 → 13 → 14 → 15 → STEP4 → 16 → 17 → 18 → 19 → 20 → … → STEP5 → 21 → 22 → 23

私は、□□□□□□□□□□する！

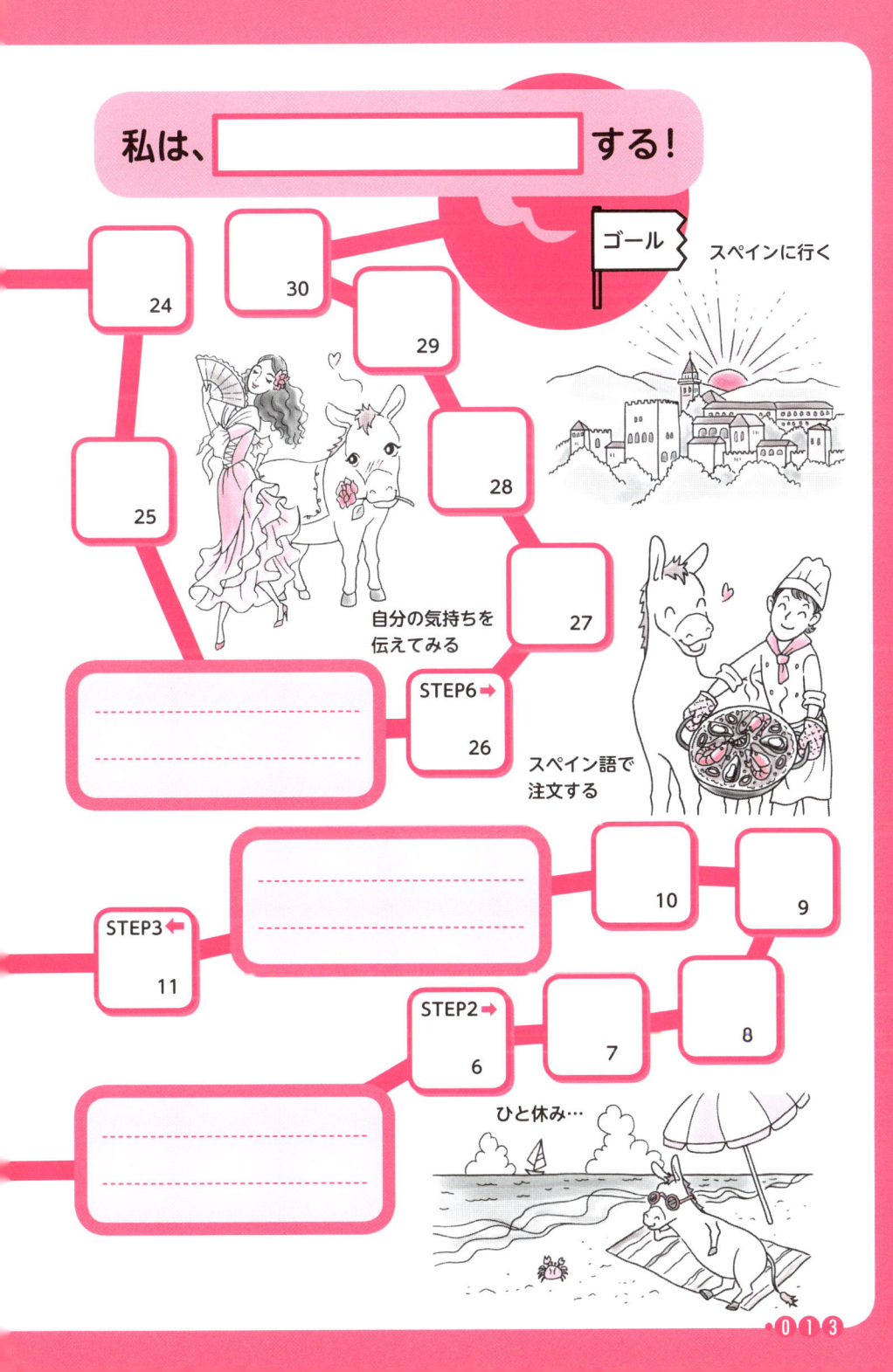

ゴール
スペインに行く

24
30
29
28
27 自分の気持ちを伝えてみる
STEP6
26 スペイン語で注文する

25

10
9
STEP3
11
STEP2
6
7
8

ひと休み…

STEP 1

1 つづりと発音

こんにちは！　私はまりこです。M-A-R-I-K-Oです。

¡Hola! Soy Mariko, m-a-r-i-k-o.
オラ　　ソイ　　　マリコ　　　　エメ ア エレ イ カ オ

スペイン語のアルファベットは27文字

スペイン語のアルファベットは、英語と同じ26文字のほかに、国名España（スペイン）にも使用されている文字ñ「エニェ」があります。

Aa	Bb	Cc	Dd	Ee	Ff	Gg	Hh
ア	ベ	セ	デ	エ	エフェ	ヘ	アチェ

Ii	Jj	Kk	Ll	Mm	Nn	Ññ	Oo
イ	ホタ	カ	エレ	エメ	エネ	エニェ	オ

Pp	Qq	Rr	Ss	Tt	Uu	Vv	Ww
ペ	ク	エレ	エセ	テ	ウ	ウベ	ウベドブレ

Xx	Yy	Zz
エキス	ジェ	セタ

母音

母音は、日本語と同じa, e, i, o, uの5つです。uは日本語の「ウ」よりもっと口をすぼめて、iは日本語の「イ」より唇を横にひいて発音します。

a	e	i	o	u
ア	エ	イ	オ	ウ

注意すべき子音の読み方

いくつかの子音だけ注意すれば、基本的にローマ字読みです。「子音＋母音」の組み合わせは1つの読み方しかできないので、悩む必要がありません。

b=v　バ行の音
　　　bar（バル）, abuelo（祖父）, AVE（スペインの新幹線）
　　　バル　　　アブエロ　　　　　アベ

c (ce, ci)　舌先を上下の歯で軽く噛んで出す英語のth[θ]の音
　　　cena（夕食）, cine（映画）
　　　セナ　　　　シネ

c (ca, co, cu)　カ行の音（カ、コ、ク）
　　　café（コーヒー）, copa（グラス）, Cuba（キューバ）
　　　カフェ　　　　　コパ　　　　　　クバ

ch　チャ行の音
　　　chal（ショール）, chocolate（チョコレート）
　　　チャル　　　　　チョコラテ

d　語末ではほとんど無音
　　　domingo（日曜日）, Madrid（マドリッド）
　　　ドミンゴ　　　　　マドリ

g (ge, gi)　強いハ行の音（ヘ、ヒ）
　　　gente（人々）, girasol（ひまわり）
　　　ヘンテ　　　　ヒラソル

g (ga, go, gu)　ガ行の音（ガ、ゴ、グ）
　　　gafas（眼鏡）, amigo（友達）
　　　ガファス　　　アミゴ

h 無音
　　hotel（ホテル）, hospital（病院）
　　オテル　　　　オスピタル

j 強いハ行の音
　　jabalí（いのしし）, juego（ゲーム、遊び）
　　ハバリ　　　　　　フエゴ
　　＊語末ではほとんど無音　reloj（時計）
　　　　　　　　　　　　　　　レロ

ll ジャ行、リャ行、あるいはヤ行の音
　　llave（鍵）, lluvia（雨）
　　ジャベ　　　ジュビア

ñ ニャ行の音
　　España（スペイン）, mañana（明日、朝）
　　エスパニャ　　　　　マニャナ

q（que, qui） カ行の音（ケ、キ）
　　queso（チーズ）, quiosco（売店）
　　ケソ　　　　　　キオスコ

r 語頭、l, n, sの後やrrと2つ並ぶ場合は巻き舌のラ行の音
　　rosa（バラ）, guitarra（ギター）
　　ロサ　　　　　ギタラ

y 後ろに母音が来るときはジャ行、あるいはヤ行の音
　　yo（私が）, ayer（昨日）
　　ジョ　　　　アジェル

y 単独または語末でイ
　　y（〜と〜）, muy（とても）
　　イ　　　　　　ムイ

Z 舌先を上下の歯で軽く噛んで出す英語の th[θ] の音

zapato（靴）, zumo（ジュース）
サパト　　　　スモ

二重子音

p, b, f, c, g + l, r および tr, dr は 1 つの子音として、一気に発音します。plaza は「プ-ラ-サ」ではなく、「プラ-サ」という感じです。

p（**pl, pr**）
b（**bl, br**）
f（**fl, fr**）
c（**cl, cr**）
g（**gl, gr**）
t（**tr**）
d（**dr**）

plaza（広場）, **pr**oblema（問題）, **bl**anco（白い）, **tr**es（3）
プラサ　　　　プロブレマ　　　　　　ブランコ　　　　　トレス

アクセントの位置は語末の音で決まる

アクセントの位置は語末の音で決まります。

1. 母音、n, s で終わる語：後ろから2番目の母音にアクセント

    dom**in**go（日曜日）, l**u**ne**s**（月曜日）
    ドミンゴ　　　　　　　ルネス

2. n, s 以外の子音で終わる語：1番後ろの母音にアクセント

    profes**or**（先生）, universid**ad**（大学）
    プロフェソル　　　　　ウニベルシダ

3. その他の場合：アクセント記号がついた母音

    f**ú**tbol（サッカー）, caf**é**（コーヒー）
    フトボル　　　　　　　カフェ

+α 覚えておくと便利な発音のルール

① 5つの母音のなかで、a, e, oは強母音、i, uは弱母音です。強母音と弱母音、あるいは弱母音が2つ並んだ場合は1つの母音のように一気に発音します。

　　　　aire（空気）　×ア-イ-レ　　○アイ-レ

② アクセントの位置を見分けるとき、強母音と弱母音の組み合わせ、あるいは弱母音同士の組み合わせは1つの母音としてカウントします。

　　　　Ale**ma**nia（ドイツ）
　　　　　　　　×「アレマ**ニ**ア」　　○「アレ**マ**ニア」

③ 「子音＋母音」の読み方が1つしかないので、動詞を活用するときなどにつづりが変わることがあります。最初は難しいかもしれませんが、英語のようにいろいろな読み方を暗記する必要がないので、慣れてしまうととても楽です。

2 名詞の性と数

おはよう、みなさん。

Buenos días, chicas y chicos.
ブエノス ディアス チカス イ チコス

これだけ

名詞は、生物も無生物もすべて男性・女性の2つのグループに分けられます。

① **-o**で終わる多くの名詞は男性名詞、**-a**で終わる多くの名詞は女性名詞

男性名詞：amig**o**（男友達）, libr**o**（本）, metr**o**（地下鉄）
アミゴ　　　　　　リブロ　　　　メトロ

女性名詞：amig**a**（女友達）, cas**a**（家）, mes**a**（テーブル）
アミガ　　　　　　カサ　　　　　メサ

② **-ción, -sión, -tión, -dad, -tad**で終わる名詞は女性名詞

esta**ción**（駅）, televi**sión**（テレビ）, liber**tad**（自由）
エスタシオン　　　テレビシオン　　　　　リベルタ

その他の語尾の場合は、1つずつ覚えましょう。**-a**で終わる男性名詞や**-o**で終わる女性名詞もあります。

Q 男性名詞？ 女性名詞？

❶ amigo（友達）
アミゴ

❷ televisión（テレビ）
テレビシオン

❸ universidad（大学）
ウニベルシダ

❹ perro（犬）
ペロ

❺ gata（猫）
ガタ

答えと音声を確認しよう

もっと1 複数形のつくり方　母音で終わる名詞

母音で終わる名詞　＋　-s

amig**o**（男友達）　→　amig**os**（友人たち）
アミゴ　　　　　　　　アミゴス

cas**a**（家）　　　→　cas**as**（家々）
カサ　　　　　　　　　カサス

もっと2 複数形のつくり方　子音で終わる名詞

子音で終わる名詞　＋　-es

profeso**r**（男性の先生）　→　profesor**es**（先生方）
プロフェソル　　　　　　　　プロフェソレス

estació**n**（駅）　→　estacion**es**
エスタシオン　　　　　エスタシオネス

exame**n**（試験）　→　exámen**es**
エクサメン　　　　　　エクサメネス

＊アクセント記号をつけたり取ったりすることがあります。

A
❶ 男
❷ 女
❸ 女
❹ 男
❺ 女

まとめ

❶ -oで終わる多くの名詞は男性名詞、-aで終わる多くの名詞は女性名詞。

❷ -ción, -sión, -tión, -dad, -tadで終わる名詞は女性名詞。

❸ 複数形：母音で終わる名詞は-sをつけ、子音で終わる名詞は-esをつける。

Q 複数形をつくってみよう。

❶ reloj　　　（m 時計）　　　　＿＿＿＿＿＿＿＿
　レロ
❷ flor　　　　（f 花）　　　　　＿＿＿＿＿＿＿＿
　フロル
❸ futbolista　（m f サッカー選手）＿＿＿＿＿＿＿＿
　フトボリスタ
❹ español　　（m スペイン人）　＿＿＿＿＿＿＿＿
　エスパニョル
❺ café　　　　（m コーヒー）　　＿＿＿＿＿＿＿＿
　カフェ
❻ bolígrafo　（m ボールペン）　＿＿＿＿＿＿＿＿
　ボリグラフォ
❼ ciudad　　　（f 市）　　　　　＿＿＿＿＿＿＿＿
　シウダ
❽ rey　　　　（m 国王）　　　　＿＿＿＿＿＿＿＿
　レイ

答えと音声を確認しよう

+α 男女同形、注意が必要な複数形

① estudiante（学生）や pianista（ピアニスト）など、男女同形の
エストゥディアンテ　　　　ピアニスタ
名詞もあります。

② -z で終わる名詞の複数形は、-z を -c に変え、-es をつけます。

　　lápi**z**（鉛筆）　→　lápi**ces**,　ve**z**（回）　→　ve**ces**
　　ラピス　　　　　　　　ラピセス　　　　ベス　　　　　　　　　ベセス

③ 基本的に複数形のアクセントの位置は単数形と同じなので、アクセント記号をつけたり取ったりすることがあります。

　　ex**a**men（試験）+ -es　→　× ex**a**menes　〇 ex**á**menes
　　エクサメン　　　　　　　　　　　　　　　　　　　　　　　　　　　　エクサメネス

　　estaci**ó**n（駅）+ -es　→　× estaci**ó**nes　〇 estaci**o**nes
　　エスタシオン　　　　　　　　　　　　　　　　　　　　　　　　　　エスタシオネス

④ 男性名詞の複数形は、1.男だけ、2.男+女、3.男女のペアを表します。

　　padres　1.父親たち、2.父母たち、3.両親
　　パドレス

名詞の性と数

A

❶ relojes
レロヘス

❷ flores
フロレス

❸ futbolistas
フトボリスタス

❹ españoles
エスパニョレス

❺ cafés
カフェス

❻ bolígrafos
ボリグラフォス

❼ ciudades
シウダデス

❽ reyes
レジェス

3 定冠詞と不定冠詞

私にはスペイン人の友達が1人います。
Tengo un amigo español.
テンゴ　ウン　アミゴ　エスパニョル

＊tengo は「持つ」

これだけ

不定冠詞も定冠詞も、名詞の性数に合わせて4つの形に変わります。

不定冠詞：不特定なもの（聞き手に特定できないもの）

	男性	女性
単数「ある、1つの」	un libro ウン　リブロ	una revista ウナ　レビスタ
複数「ある、いくつかの」	unos libros ウノス　リブロス	unas revistas ウナス　レビスタス

定冠詞：特定なもの（聞き手に特定できるもの）

	男性	女性
単数「その」	el libro エル　リブロ	la revista ラ　レビスタ
複数「それらの」	los libros ロス　リブロス	las revistas ラス　レビスタス

Q 定冠詞？　不定冠詞？

❶ 昔々、あるところに1人の女の子（[una / la] niña）がいました。
　　　　　　　　　　　　　　　　　　ウナ　ラ　ニーニャ

❷ （続き）ある日、その女の子（[una / la] niña）は町に出かけました。
　　　　　　　　　　　　　　　ウナ　ラ　ニーニャ

❸ 太陽（[un / el] sol）は東から上って、西に沈みます。
　　　　　ウン　エル　ソル

❹ そこには、何匹かの猫（[unos / los] gatos）が住んでいました。
　　　　　　　　　　　　ウノス　ロス　ガトス

❺ （続き）その猫たち（[unos / los] gatos）は、いつもお腹をすかせていました。
　　　　　　　　　　　ウノス　ロス　ガトス

答えと音声を確認しよう

もっと1 「約〜」

不定冠詞の複数形は、数字の前に来ると「約〜」を表します。

unos veinte euros（約20ユーロ）
ウノス　ベインテ　エウロス

unas diez libras（約10ポンド）
ウナス　ディエス　リブラス

もっと2 アクセントのあるaで始まる女性名詞単数の定冠詞

アクセントのあるaで始まる女性名詞の単数に定冠詞をつける場合、laではなくelを使います。

aula（教室）：最初のaにアクセント　×la aula（教室）　○**el** aula
アウラ　　　　　　　　　　　　　　　ラ　アウラ　　　　　　エル　アウラ

aduana（税関）：最初のaにアクセント無し　○la aduana（税関）
アドゥアナ　　　　　　　　　　　　　　　　　ラ　アドゥアナ

A

1. una niña
   ウナ　ニニャ
2. la niña
   ラ　ニニャ
3. el sol
   エル　ソル
4. unos gatos
   ウノス　ガトス
5. los gatos
   ロス　ガトス

まとめ

❶ 不定冠詞：男性単数 un, 女性単数 una, 男性複数 unos, 女性複数 unas

❷ 定冠詞：男性単数 el, 女性単数 la, 男性複数 los, 女性複数 las

❸ 不定冠詞の複数形は、数字の前に来ると「約〜」に。

❹ アクセントのある a で始まる女性名詞単数に定冠詞をつける場合、la ではなく el を使う。

Q その場所は、特定？ 不特定？

❶ プラド美術館はどこですか？
¿Dónde está _____ Museo del Prado?

美術館・博物館
museo m

❷ ヨーロッパホテルは駅の近くですか？
¿_____ Hotel Europa está cerca de la estación?

ホテル
hotel m

❸ 駅の中にホテルが1軒あります。
Enfrente de la estación hay _____ hotel.

❹ 学生たちは25教室にいます。
Los estudiantes están en _____ aula 25.

答えと音声を確認しよう

> **+α 男女同形でも冠詞で男女を区別**
>
> ① 男女同形の名詞の場合、対象が女性なら女性の冠詞、男性なら男性の冠詞を使うことで男女を区別できます。
>
> **un** estudiante（ある/1人の男子学生）
> ウン エストゥディアンテ
>
> **el** estudiante（(前に述べた)その男子学生）
> エル エストゥディアンテ
>
> **una** estudiante（ある/1人の女子学生）
> ウナ エストゥディアンテ
>
> **la** estudiante（(前に述べた)その女子学生）
> ラ エストゥディアンテ
>
> ② sol（太陽）、luna（月）、Estación de Atocha（アトーチャ駅）
> ソル ルナ エスタシオン デ アトチャ
>
> など、世界に1つしかないものは、それまでに述べられていなくても特定できるため、定冠詞がつきます。
>
> **el** sol, **la** luna, **la** Estación de Atocha
> エル ソル ラ ルナ ラ エスタシオン デ アトチャ

定冠詞と不定冠詞 3

A

❶ el
 エル

❷ El
 エル

❸ un
 ウン

❹ el
 エル

4 主語とser

こんにちは、私はのりこです。日本人です。はじめまして。
Hola, soy Noriko.
オラ　　ソイ　　ノリコ
Soy japonesa. Encantada.
ソイ　　　　ハポネサ　　　　エンカンタダ

＊主語の代名詞はふつう省略。

これだけ

主語の代名詞とser「〜です」の活用（現在形）

主語の代名詞	ser セル	主語の代名詞	ser セル
yo（私は） ジョ	soy ソイ	nosotros ノソトロス nosotras（私たちは） ノソトラス	somos ソモス
tú（君は） トゥ	eres エレス	vosotros ボソトロス vosotras（君たちは） ボソトラス	sois ソイス
usted（あなたは） ウステ él　　（彼は） エル ella　（彼女は） エジャ	es エス	ustedes（あなた方は） ウステデス ellos　（彼らは） エジョス ellas　（彼女らは） エジャス	son ソン

＊ tú, vosotros/vosotrasは敬語を使わない相手、usted, ustedesは目上の人や初対面の人など、敬語を使う相手に話しかけるときに使います。
＊ usted, ustedesはUd. (Vd.), Uds.(Vds.)と略すことがあります。

Q 単語をヒントに作文してみよう。

❶ 僕は恭平です。

_____

❷ 私はカルメンです。

_____

カメルン
Carmen
カルメン

❸ 彼はアントニオです。

_____

アントニオ
Antonio
アントニオ

答えと音声を確認しよう

男性の複数形

nosotros, vosotros, ellos など、男性の複数形は、
①男性のみ、②男性＋女性の可能性があります。

Juan（男性）と Antonio（男性） → ellos（男性複数形）
ファン　　　　　アントニオ　　　　　　　エジョス

María（女性）と Juan（男性） → ellos（男性複数形）
マリア　　　　　ファン　　　　　　　　エジョス

María（女性）と Ana（女性） → ellas（女性複数形）
マリア　　　　　アナ　　　　　　　　エジャス

主語の省略

動詞の活用や文脈から判断できる場合、主語の代名詞はふつう省略されます。

María es española. Es de Sevilla.
マリア　エス　エスパニョラ　　エス　デ　セビジャ

（マリアはスペイン人です。セビージャ出身です）（マリアの話の続きとわかるので、ella は省略）

A

❶ Yo soy Kyohei.
　ジョ　ソイ　キョウヘイ

❷ Yo soy Carmen.
　ジョ　ソイ　カルメン

❸ Él es Antonio.
　エル　エス　アントニオ

まとめ

❶ 主語の代名詞：yo（私は）、tú（君は）、usted（あなたは）、él（彼は）/ella（彼女は）、nosotros/nosotras（私たちは）、vosotros/vosotras（君たちは）、ustedes（あなた方は）、ellos（彼らは）/ellas（彼女らは）

❷ 男性の複数形は、男性のみの場合と、男性と女性が混ざっている場合がある。

❸ 動詞の活用や文脈から判断できる場合、主語の代名詞はふつう省略される。

Q 単語をヒントに、主語の代名詞を省略して作文してみよう。

❶ 私たち（女性のみ）はスペイン人です。
_____

スペイン人
españolas
エスパニョラス

❷ 私たち（男性＋女性）はスペイン人です。
_____

スペイン人
españoles
エスパニョレス

❸ 君は学生です。
_____

学生
estudiante
エストゥディアンテ

❹ 彼らは法学部の学生です。
_____

法学部の学生
estudiantes de Derecho
エストゥディアンテス デ デレチョ

❺ 私は日本人（男性）です。
_____

日本人
japonés
ハポネス

答えと音声を確認しよう

+α　serの使い方
セル

「A＝B」の「＝」の働きをします。

Carlos es chileno. (Carlos＝chileno)（カルロスはチリ人です）
カルロス　エス　チレノ

Akiko y Mariko son japonesas.
アキコ　イ　マリコ　ソン　ハポネサス
(Akiko y Mariko＝japonesas)（アキコとマリコは日本人です）

Leticia es de Valencia.
レティシア　エス　デ　バレンシア
(Leticia＝de Valencia)（レティシアはバレンシア出身です）

BがAの職業を表すとき、Bには冠詞がつきません。
Elena es profesora.（エレナは先生です）
エレナ　エス　プロフェソラ

主語とser
4

A

❶ Somos españolas.
ソモス　エスパニョラス

❷ Somos españoles.
ソモス　エスパニョレス

❸ Eres estudiante.
エレス　エストゥディアンテ

❹ Son estudiantes de derecho.
ソン　エストゥディアンテス　デ　デレチョ

❺ Soy japonés.
ソイ　ハポネス

5 形容詞の性と数

私は白いワンピースが欲しい。

Quiero un vestido blanco.
キエロ　　ウン　　ベスティド　　ブランコ

これだけ

-oで終わる形容詞：修飾する名詞の性数によって**4通り**に変化します。

blanco（白い）
ブランコ

	単数	複数
男性	blanco ブランコ	blancos ブランコス
女性	blanca ブランカ	blancas ブランカス

Q　Quiero ～（私は～が欲しい）を使って作文してみよう。

❶ 僕は黒いシャツが1枚欲しい。
　Quiero una camisa _____ .
　キエロ　　ウナ　　カミサ

黒い　　シャツ1枚
negro, una camisa f
ネグラ　ウナ　カミサ

❷ 私は長いスカートが2着欲しい。
　Quiero dos faldas _____ .
　キエロ　　ドス　　ファルダス

長い　　スカート2着
largo, dos falda f
ラルゴ　ドス　ファルダ

❸ 私は赤いコートが1着欲しい。
　Quiero un abrigo _____ .
　キエロ　　ウン　　アブリゴ

赤い　　コート1着
rojo, un abrigo m
ロホ　ウン　アブリゴ

答えと音声を確認しよう

もっと1 -o以外の母音で終わる形容詞と子音で終わる形容詞

修飾する名詞の数によって2通りに変化します。

	単数	複数
amable（親切な） アマブレ	amable アマブレ	amables アマブレス
difícil（難しい） ディフィシル	difícil ディフィシル	difíciles ディフィシレス

もっと2 形容詞の役割

①一般的に、名詞＋形容詞の語順で、名詞を直接修飾します。

un chico alto（1人の背の高い男の子）
ウン　チコ　アルト

②serを使ってA＝Bを表します。（Bに形容詞）

A	ser	B
(Yo) ジョ	soy ソイ	alto/alta.（私は背が高い） アルト　アルタ
Marcos マルコス	es エス	alto.（マルコスは背が高い） アルト
María y Ana マリア　イ　アナ	son ソン	altas.（マリアとアナは背が高い） アルタス

＊「A＝B」なので、Aの性数によってBの形が変わります。

A

❶ Quiero una camisa negra.
キエロ　ウナ　カミサ　ネグラ

❷ Quiero dos faldas largas.
キエロ　ドス　ファルダス　ラルガス

❸ Quiero un abrigo rojo.
キエロ　ウン　アブリゴ　ロホ

まとめ

❶ ①-o で終わる形容詞

男性単数	男性複数	女性単数	女性複数
-o	-os	-a	-as

❷ 修飾する名詞が複数の場合、-o 以外の母音で終わる形容詞には -s をつけ、子音で終わる形容詞には、-es をつける。

❸ 形容詞は、ふつう名詞の後に置く。

Q 単語をヒントに作文してみよう。

❶ おいしいパエリア

おいしい　パエリア
rico,　paella f
リコ　　　パエジャ

❷ まじめな男性

まじめな　男性
serio,　señor m
セリオ　　セニョール

❸ テレサは美しい。

テレサ　　美しい
Teresa, guapo
テレサ　　グアポ

❹ イザベルとクララは陽気です。

イザベル　クララ　陽気な
Isabel, Clara, alegre
イザベル　クララ　アレグレ

答えと音声を確認しよう

+α 形容詞の位置と形

① bueno（良い）、malo（悪い）は、ふつう名詞の前に置きます。
男性単数名詞の前では語尾の-oが落ちてbuen, malとなります。
buen humor（上機嫌）
ブエン　ウモル

mal humor（不機嫌）
マル　ウモル

② 名詞の特徴を強調する形容詞は名詞の前に置かれます。
blanca nieve（真っ白な雪）　＊雪の白さを強調しています。
ブランカ　ニエベ

③ 形容詞が男女同形の名詞を修飾する場合は、名詞が示している人や動物の性に合わせて形が変わります。
un estudiante **aplicado**／una estudiante **aplicada**（勤勉な学生）
ウン エストゥディアンテ アプリカド　ウナ エストゥディアンテ アプリカダ

④ español, japonésなど、名詞としても使われる形容詞は、子音で終わっていても名詞と同じように４つの形に性数変化します。

⑤ 名詞の前に置かれるか後ろに置かれるかで、意味の変わる形容詞があります。
una mujer **pobre**（貧しい女性）、una **pobre** mujer（気の毒な女性）
ウナ　ムヘル　ポブレ　　　　　　　ウナ　ポブレ　ムヘル

A

❶ una paella rica
ウナ　パエジャ　リカ

❷ un señor serio
ウン　セニョル　セリオ

❸ Teresa es guapa.
テレサ　エス　グアパ

❹ Isabel y Clara son alegres.
イザベル　イ　クララ　ソン　アレグレス

まとめのドリル 1

1 複数形にしてみよう。

① amigo　　　　友達　　　　　→ (　　　　　　)
② futbolista　　サッカー選手　→ (　　　　　　)
③ café　　　　　コーヒー　　　→ (　　　　　　)
④ español　　　スペイン人　　→ (　　　　　　)
⑤ ciudad　　　 市　　　　　　→ (　　　　　　)

2 定冠詞か不定冠詞を入れてみよう。

① ¿Dónde está (　　　) Hotel Santiago?
サンティアゴホテルはどこですか？

② Hay (　　　) universidad cerca de la estación.
駅の近くに大学が1校あるわ。

③ ¿Dónde está (　　　) Museo del Greco?
エル・グレコ美術館はどこですか？

④ (　　　) café, por favor.
コーヒー1杯お願いします。

⑤ (　　　) Casa Milà está en Barcelona.
カサ・ミラはバルセロナにあります。

3 主語に合わせて、文を書き換えてみよう。

❶ Soy de Málaga.
私はマラガ出身です。（主語を nosotros に）

❷ ¿Sois de Córdoba?
君たちはコルドバ出身ですか？（主語を tú に）

❸ Rafa es español.
ラファはスペイン人です。（主語を María に）

❹ Mario es de México.
マリオはメキシコ出身です。（主語を Mario y Rubén に）

❺ Soy estudiante.
私は学生です。（主語を Carmen に）

こたえ

1 ❶ amigos　❷ futbolistas　❸ cafés　❹ españoles　❺ ciudades

2 ❶ ¿Dónde está (el) Hotel Santiago?
❷ Hay (una) universidad cerca de la estación.
❸ ¿Dónde está (el) Museo del Greco?
❹ (Un) café, por favor.
❺ (La) Casa Milà está en Barcelona.

3 ❶ Somos de Málaga.
❷ ¿Eres de Córdoba?
❸ María es española.
❹ Mario y Rubén son de México.
❺ Carmen es estudiante.

朝ご飯

コラム 1

　スペインの代表的な朝ご飯は、チョコレートにつけて食べるチュロス(chocolate con churros)です。日本では「チュロス」は甘いですが、スペインのchurrosは甘くありません。それをchocolate（ホットチョコレート）につけて食べます。土曜日や日曜日の朝、前日ディスコなどを渡り歩いて、「朝ご飯を食べて帰ろう！」という時にはchurrosの出番です。

　でも、毎日食べるとなるとちょっと重いですね。家でとる朝食の定番はコーヒーとビスケット、マドレーヌのようなちょっと甘いパンなど、時間をかけずに用意できるものです。もちろん通勤途中でbarやcafeteríaに寄り、カフェ・オ・レ(café con leche)とトースト(tostada)、bollosと呼ばれる一連の菓子パンや、前述のチュロスを食べることもあります。

　チュロスをホットチョコレートではなく、カフェオレ(café con leche)につけて食べる人も多く、「コーヒーが、油でぎとぎとになっても気にならないのかなあ？」と不思議に思います。トーストには、食パン(pan de molde)とフランスパン(barrita)があり、バター(mantequilla)やジャム(mermelada)がついてきます。フランスパンの場合は、オリーブオイル(aceite de oliva)と塩(sal)を選べることもあります。場所によっては、オリーブオイルに加えて、生のトマトピューレ(tomate)も一緒に提供されます。パンにオリーブオイルは結構合いますし、健康的ですので、ぜひ日本でも試してみてください。

STEP 2

6 疑問文と否定文

「君は中国人？」「いいえ、中国人ではありません。日本人です」

¿Eres chino?
エレス　チノ
– No, no soy chino. Soy japonés.
ノ　ノ　ソイ　チノ　ソイ　ハポネス

これだけ

疑問文のつくり方

平叙文を¿？で囲みます。

¿María es española?（マリアはスペイン人ですか？）
マリア　エス　エスパニョラ

否定文のつくり方

動詞の前にnoを置きます。

María no es española.（マリアはスペイン人ではありません）
マリア　ノ　エス　エスパニョラ

Q 単語をヒントに作文してみよう。

❶ 君はパコですか？
　パコ
　Paco
　パコ

❷ 君たちは東京出身ですか？
　東京出身です
　ser de Tokio
　セル　デ　トキオ

❸ 私は学生ではありません。
　学生
　estudiante m　f
　エストゥディアンテ

答えと音声を確認しよう

疑問文への答え方

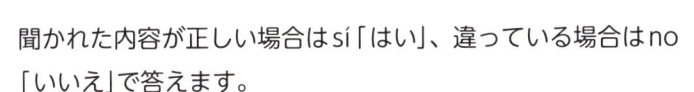

聞かれた内容が正しい場合はsí「はい」、違っている場合はno「いいえ」で答えます。

¿Juan y Sofía son de Málaga? (ファンとソフィアはマラガ出身？)
ファン　イ　ソフィア　ソン　デ　マラガ

-**Sí**, son de Málaga. (ええ、マラガ出身よ)
シ　ソン　デ　マラガ

-**No**, no son de Málaga. (いいえ、マラガ出身ではないわ)
ノ　ノ　ソン　デ　マラガ

疑問文の語順

「動詞＋主語」の順にもできます。

¿**Es usted** médico? (あなたはお医者さんですか？)
エス　ウステ　メディコ

A

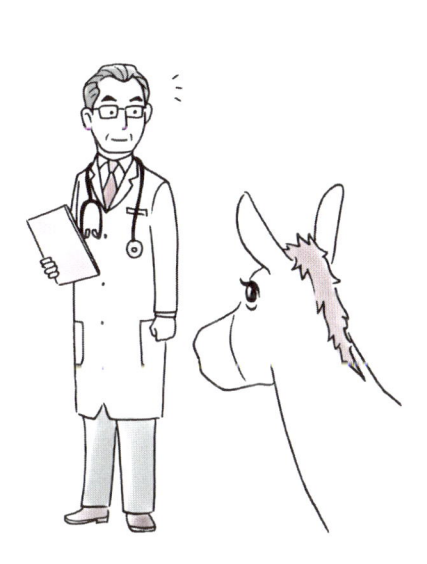

❶ ¿Eres Paco?
エレス　パコ

❷ ¿Sois de Tokio?
ソイス　デ　トキオ

❸ No soy estudiante.
ノ　ソイ　エステュディアンテ

まとめ

❶ 疑問文は平叙文を¿　?で囲む。

❷ 否定文は動詞の前にnoを置く。

❸ 疑問文の答えは、sí（はい）、no（いいえ）。

❹ 疑問文は「動詞＋主語」の語順にもできる。

Q 単語をヒントに作文してみよう。

❶ マリオとハイメは兄弟ですか？

マリオ　ハイメ　兄弟
Mario, Jaime, hermanos m pl
マリオ　ハイメ　エルマノス

―――――――――

❷（答えて）いいえ、兄弟ではありません。

―――――――――

❸ あなたは教師ですか？

教師
profesor m
プロフェソル

―――――――――

❹（答えて）いいえ、教師ではありません。

―――――――――

❺ 私たちは学生ではありません。

―――――――――

答えと音声を確認しよう

+α 付加疑問文、否定疑問文、感嘆文

① 付加疑問文

平叙文の後に¿verdad?をつけると付加疑問文ができます。

Eres japonesa, ¿verdad?(君は日本人だよね？)
エレス　ハポネサ　　　　ベルダ

② 否定疑問文の答え方

「はい」と「いいえ」が日本語とは反対になります。

¿No eres japonés?(君は日本人じゃないの？)
ノ　エレス　ハポネス

- Sí, soy japonés.(いいえ、日本人ですよ)
シ　ソイ　ハポネス

- No, no soy japonés.(はい、日本人ではありません)
ノ　ノ　ソイ　ハポネス

③ スペイン語の疑問文は¿?で文を囲みますが、感嘆文(¡qué+名詞/形容詞/副詞!)の場合も同じように¡!で囲みます。

¡Qué suerte!(ラッキー！)
ケ　スエルテ

A

❶ ¿Mario y Jaime son hermanos?
マリオ　イ　ハイメ　ソン　エルマノス

❷ No, no son hermanos.
ノ　ノ　ソン　エルマノス

❸ ¿Es usted profesor?
エス　ウステ　プロフェソル

❹ No, no soy profesor.
ノ　ノ　ソイ　プロフェソル

❺ No somos estudiantes.
ノ　ソモス　エストゥディアンテス

7 指示詞

CD 17

この建物は法学部で、あれは医学部だよ。

Este edificio es de la Facultad de Derecho y aquel es de la Facultad de Medicina.
エステ エディフィシオ エス デ ラ ファクルタ デ デレチョ
イ アケル エス デ ラ ファクルタ デ メディシナ

これだけ

指示形容詞 este「この」

「この○○」の○○に来る名詞の性数によって、4つの形に変化します。

este エステ	男性単数	男性複数	女性単数	女性複数
	est**e** エステ	est**os** エストス	est**a** エスタ	est**as** エスタス
	este niño エステ ニニョ（この男の子）	estos niños エストス ニニョス（この子どもたち）	esta niña エスタ ニニャ（この女の子）	estas niñas エスタス ニニャス（この女の子たち）

Q este を適切な形で入れてみよう。

❶ この本はおもしろいよ。
　　　　　 _____ libro es interesante.
　　　　　　　　リブロ　エス　インテレサンテ

> 本 libro m sg, おもしろい interesante
> リブロ　　　　　インテレサンテ

❷ この雑誌は週刊誌だよ。
　　　　　 _____ revista es semanal.
　　　　　　　　　レビスタ　エス　セマナル

> 雑誌 revista f sg, 週の semanal
> レビスタ　　　　　セマナル

❸ この靴、素敵だね。
　　　　　 _____ zapatos son bonitos.
　　　　　　　　サパトス　ソン　ボニトス

> 靴 zapatos m pl, かわいい・すてきな bonito
> サパトス　　　　　ボニト

❹ これらのシャツはシルクです。
　　　　　 _____ camisas son de seda.
　　　　　　　　カミサス　ソン　デ　セダ

> シャツ camisas f pl, 絹 seda f
> カミサス　　　　　セダ

答えと音声を確認しよう

もっと1 指示形容詞　ese「その」、aquel「あの」

	男性単数	男性複数	女性単数	女性複数
	ese エセ	esos エソス	esa エサ	esas エサス
	aquel アケル	aquellos アケジョス	aquella アケジャ	aquellas アケジャス

※男性単数の「ese エセ」「aquel アケル」が2回記載されています。

もっと2 指示代名詞　este「これ」、ese「それ」、aquel「あれ」
エステ　　　　　エセ　　　　　　アケル

指示形容詞は、後ろに名詞を伴わず指示代名詞としても使います。

Este coche es de Japón y **ese** es de Alemania.
エステ　コチェ　エス　デ　ハポン　イ　エセ　エス　デ　アレマニア
(この車は日本製で、それはドイツ製です)

cocheは前に出ているため、ese cocheとするとしつこいので、eseに。

Esta chaqueta es de seda pero **aquella** es de algodón.
エスタ　チャケタ　エス　デ　セダ　ペロ　アケジャ　エス　デ　アルゴドン
(このジャケットはシルクですが、あれは綿でできています)

chaquetaは前に出ているため、aquella chaquetaとするとしつこいので、aquellaに。

A
1. Este
   エステ
2. Esta
   エスタ
3. Estos
   エストス
4. Estas
   エスタス

指示詞 7

まとめ

❶ este（この）は、指す名詞の性数によって変わる。

	男性単数	男性複数	女性単数	女性複数
este	este	estos	esta	estas

❷ ese（その）、aquel（あの）は、指す名詞の性数によって変わる。

	男性単数	男性複数	女性単数	女性複数
ese	ese	esos	esa	esas
aquel	aquel	aquellos	aquella	aquellas

❸ 指示代名詞：este（これ）、ese（それ）、aquel（あれ）。

Q 単語をヒントに作文してみよう。

❶ こちらの女性はマドリッド出身です。

女性
señora f sg
セニョラ

❷ これはピカソの作品の1つです。

ピカソの作品
obra f sg **de Picasso**
オブラ　　　　デ　ピカソ

❸ それはファンの家で、あれはマリオのです。

ファンの家
casa f sg **de Juan**
カサ　　　デ　ファン

❹ あちらの方々はファンの両親です。

方々　　　　　　　ファンの両親
señores m pl, **padres** m pl **de Juan**
セニョレス　　　パドレス　　デ　ファン

❺ そのパソコンは最新機種です。

パソコン　　　　　最新機種
ordenador m sg, **de último modelo**
オルデナドル　　　　デ　ウルティモ　モデロ

答えと音声を確認しよう

+α 中性の指示代名詞と指示副詞

①中性の指示代名詞

未知のものや、抽象的な事柄を指す場合に使います。

	これ	それ	あれ
中性の指示代名詞	esto エスト	eso エソ	aquello アケジョ

¿Qué es **aquello**? – Es una iglesia católica.
ケ　エス　アケジョ　　　　エス ウナ　イグレシア　カトリカ
(「あれは何？」「カトリック教会ですよ」)

Esto es la vida. (これが人生というものだよ)
エスト　エス ラ ビダ

②指示副詞

	ここに	そこに	あそこに
指示副詞	aquí アキ	ahí アイ	allí アジ

La conferencia del Dr. Muñoz es **aquí**.
ラ　コンフェレンシア　デル　ドクトル　ムニョス エス アキ
(ムニョス博士の講演会はここです)

指示詞

A

❶ Esta señora es de Madrid.
エスタ セニョラ エス デ マドリ

❷ Esta es una obra de Picasso.
エスタ エス ウナ オブラ デ ピカソ

❸ Esa casa es de Juan y aquella es de Mario.
エサ カサ エス デ ファン イ アケジャ エス デ マリオ

❹ Aquellos señores son los padres de Juan.
アケジョス セニョレス ソン ロス パドレス デ ファン

❺ Ese ordenador es de último modelo.
エセ オルデナドル エス デ ウルティモ モデロ

049

8 所有詞

あの人たちは僕の両親です。

Aquellos señores son mis padres.
アケジョス　セニョレス　ソン　ミス　パドレス

これだけ

前置形：所有物を表す名詞の前に置きます。
① 「私の」「君の」は単数・複数の2つの形に変化します。
② 「あなた(方)の」「彼(ら)の」「彼女(ら)の」も単数・複数の2つの形に変化します。所有者が単数でも複数でも同じ形です。

名詞の性数	単数	複数
私の	mi ミ	mis ミス
君の	tu トゥ	tus トゥス
あなた・彼・彼女の	su ス	sus スス
あなた方・彼ら・彼女らの		

Q 単語をヒントに作文してみよう。

❶ 私の両親は弁護士です。

_____

弁護士
abogados m pl
アボガドス

❷ 君の車は大きいですか？

_____

車　　　　大きい
coche m sg, **grande**
コチェ　　　グランデ

❸ あの女性たちは彼の同僚です。

_____

同僚
compañeras f pl **de trabajo**
コンパニェラス　　デ　トラバホ

答えと音声を確認しよう

もっと1 「私たちの」「君たちの」

「私たちの」「君たちの」を表す所有詞は、4つの形に変化します。

名詞の性数	男性単数	女性単数	男性複数	女性複数
私たちの	nuestro ヌエストロ	nuestra ヌエストラ	nuestros ヌエストロス	nuestras ヌエストラス
君たちの	vuestro ブエストロ	vuestra ブエストラ	vuestros ブエストロス	vuestras ブエストラス

もっと2 後置形：「私たちのです」「君たちのです」

「私たちの」「君たちの」は、名詞の後ろに置いたり、serの補語になって「～のです」を表したりすることができます。名詞の後ろに置く形を所有形容詞の後置形と呼びます。

Julio es un amigo nuestro.
フリオ エス ウン アミゴ ヌエストロ
（フリオは我々の友達の1人です）

¿Estos ordenadores son vuestros? - Sí, son nuestros.
エストス オルデナドレス ソン ブエストロス シ ソン ヌエストロス
（「これらのパソコンは君たちのですか？」「はい、私たちのです」）

A

❶ Mis padres son abogados.
ミス パドレス ソン アボガドス

❷ ¿Tu coche es grande?
トゥ コチェ エス グランデ

❸ Aquellas señoras son sus compañeras de trabajo.
アケジャス セニョラス ソン スス コンパニェラス デ トラバホ

まとめ

❶

名詞の性数	単数	複数
私の	mi	mis
君の	tu	tus
あなた・彼・彼女の	su	sus
あなた方・彼ら・彼女らの		

❷

名詞の性数	男性単数	女性単数	男性複数	女性複数
私たちの	nuestro	nuestra	nuestros	nuestras
君たちの	vuestro	vuestra	vuestros	vuestras

❸「私たちの」「君たちの」は、名詞の後ろにも置くことができる。

Q 単語をヒントに作文してみよう。

❶ 私たちのスペイン語の先生(男)はメキシコ人です。

スペイン語の先生　メキシコ人
profesor de español, mexicano
プロフェソル　デ　エスパニョル　メヒカノ

❷ あなた方の息子さんはとても勉強熱心です。

息子　　　とても　勉強熱心
hijo m, muy, aplicado
イホ　　　　ムイ　　アプリカド

❸ あの男性は私たちの兄(弟)です。

兄(弟)
hermano m
エルマノ

❹ このバイクは君たちのですか？

バイク
moto f
モト

❺ (4に続けて) はい、私たちのです。

答えと音声を確認しよう

+α 後置形

① mi(s)（私の）、tu(s)（君の）、su(s)（あなた・あなた方・彼・彼ら・彼女・彼女らの）の後置形は、前置形と形が異なります。名詞の性数に合わせて4通りに変化します。

	単数		複数	
	男性	女性	男性	女性
私の	mío ミオ	mía ミア	míos ミオス	mías ミアス
君の	tuyo トゥジョ	tuya トゥジャ	tuyos トゥジョス	tuyas トゥジャス
あなた・彼・彼女の	suyo スジョ	suya スジャ	suyos スジョス	suyas スジャス

＊「私たちの」「君たちの」を表す所有詞は、前置形も後置形も同じ形です。

② 所有代名詞（〜の（もの））：定冠詞＋所有形容詞後置形

定冠詞は名詞の性数に一致します。

¿Estas gafas son de la abuela?
エスタス　ガファス　ソン　デ　ラ　アブエラ
（この眼鏡はおばあちゃんの？）

- No, son mías. **Las suyas** están ahí. (las suyas=sus gafas)
ノ　ソン　ミアス　ラス　スジャス　エスタン　アイ
（いいえ、私の。彼女のはそこよ）

A

❶ Nuestro profesor de español es mexicano.
ヌエストロ　プロフェソル　デ　エスパニョル　エス　メヒカノ

❷ Su hijo es muy aplicado.
ス　イホ　エス　ムイ　アプリカド

❸ Aquel señor es nuestro hermano.
アケル　セニョル　エス　ヌエストロ　エルマノ

❹ ¿Esta moto es vuestra?
エスタ　モト　エス　ブエストラ

❺ Sí, es nuestra.
シ　エス　ヌエストラ

9 数詞

カフェオレを２つお願いします。
Dos cafés con leche, por favor.
ドス　カフェス　コン　レチェ　ポル　ファボル

これだけ

0〜15

0 cero	1 uno	2 dos	3 tres	4 cuatro	5 cinco
セロ	ウノ	ドス	トレス	クアトロ	シンコ
6 seis	7 siete	8 ocho	9 nueve	10 diez	
セイス	シエテ	オチョ	ヌエベ	ディエス	
11 once	12 doce	13 trece	14 catorce	15 quince	
オンセ	ドセ	トレセ	カトルセ	キンセ	

unoは、後ろに名詞が来る場合、その性によってun, unaとなります。
un libro（１冊の本）、**una revista**（１冊の雑誌）
ウン　リブロ　　　　　　　ウナ　レビスタ

Q 単語をヒントに作文してみよう。

❶ 生ビールを３杯お願いします。
　生ビール
　caña f
　カニャ

❷ スペイン風オムレツを１切れお願いします。
　スペイン風オムレツ１切れ
　pincho m **de tortilla**
　ピンチョ　　デ　トルティジャ

❸ ４人掛けのテーブルをお願いします。
　〜人掛けのテーブル
　mesa f **para…**
　メサ　　　　パラ

答えと音声を確認しよう

16〜29の数字

① 16〜19 dieci- ＋ 1 の位
　　ディエシ
　　＊16 dieciséis にはアクセント記号が必要。
　　　　　ディエシセイス

② 20 veinte
　　　ベインテ

③ 21〜29 veinti- ＋ 1 の位
　　　　　ベインティ
　　＊22 veintidós, 23 veintitrés, 26 veintiséis にはアクセント記号が必要。
　　　　ベインティドス　　ベインティトレス　　ベインティセイス

30〜100の数字

① 30〜100

　30 treinta　40 cuarenta　50 cincuenta　60 sesenta
　　　トレインタ　　　クアレンタ　　　　シンクエンタ　　　　セセンタ
　70 setenta　80 ochenta　90 noventa　100 cien
　　　セテンタ　　　オチェンタ　　　　ノベンタ　　　　シエン

② 30〜99: 10の位＋y＋1の位

　31 treinta y uno　32 treinta y dos...　55 cincuenta y cinco...
　　トレインタ　イ　ウノ　　トレインタ　イ　ドス　　　シンクエンタ　イ　シンコ

③ 数詞＋名詞の場合、1の位が1なら、名詞の性に合わせて un, una

　21人の生徒　veintiún alumnos（アクセント記号に注意）
　　　　　　　　ベインティウン　アルムノス

　51人の女子生徒　cincuenta y una alumnas
　　　　　　　　　シンクエンタ　イ　ウナ　アルムナス

A

❶ Tres cañas, por favor.
　トレス　カニャス　ポル　ファボル

❷ Un pincho de tortilla, por favor.
　ウン　ピンチョ　デ　トルティジャ　ポル　ファボル

❸ Una mesa para cuatro, por favor.
　ウナ　メサ　パラ　クアトロ　ポル　ファボル

まとめ

❶ 0 cero、1 uno、2 dos、3 tres、4 cuatro、5 cinco、6 seis、7 siete、8 ocho、9 nueve、10 diez、11 once、12 doce、13 trece、14 catorce、15 quince

❷ 16〜19：dieci- ＋ 1の位、20 veinte。
21〜29：veinti- ＋ 1の位。

❸ 30 treinta、40 cuarenta、50 cincuenta、60 sesenta、70 setenta、80 ochenta、90 noventa、100 cien

❹ 30〜99：10の位＋y＋1の位。

❺ 数詞＋名詞の場合、1の位が1なら、名詞の性に合わせて un, una。

Q 単語をヒントに作文してみよう。

❶ 私たちは5人家族です。

私たちは〜人家族です
somos... de familia
ソモス　デ　ファミリア

❷ このスカーフはいくらですか？

〜はいくら？　スカーフ
¿Cuánto es..., pañuelo m
クアント　エス　パニュエロ

❸ 26ユーロです。

(値段) です　ユーロ
Son,　euro m
ソン　エウロ

❹ 赤ワインを1杯ください。

赤ワイン〜杯
copa f de vino tinto
コパ　デ　ビノ　ティント

❺ 全部で71ポンドになります。

全部で　ポンド
en total, libra f
エン　トタル　リブラ

答えと音声を確認しよう

+α 時刻の表現

¿Qué hora es?（何時ですか？）
ケ　オラ　エス

① 動詞ser＋女性定冠詞＋数詞

　1時は単数　　：Es　la　una.（1時です）
　　　　　　　　　エス　ラ　ウナ

　2時以降は複数　：Son　las　dos, tres, …（2,3,…時です）
　　　　　　　　　　ソン　ラス　ドス　トレス

＊hora（時刻）が女性名詞なので、女性定冠詞を使います。

② 「〜分過ぎ」はy、「〜分前」はmenosで表します。
　　　　　　　　　　　　　　　　　　メノス
　Es la una y cinco.（1時5分です）
　エス　ラ　ウナ　イ　シンコ

　Son las cinco menos diez.（5時10分前です）
　ソン　ラス　シンコ　メノス　ディエス

③ 15分はcuarto、30分はmediaを使います。
　　　　　　クアトロ　　　　　　メディア
　Son las tres y media.（3時半です）
　ソン　ラス　トレス　イ　メディア

A

❶ Somos cinco de familia.
ソモス　シンコ　デ　ファミリア

❷ ¿Cuánto es este pañuelo?
クアント　エス　エステ　パニュエロ

❸ Son veintiséis euros.
ソン　ベインティセイス　エウロス

❹ Una copa de vino tinto, por favor.
ウナ　コパ　デ　ビノ　ティント　ポル　ファボル

❺ Son setenta y una libras en total.
ソン　セテンタ　イ　ウナ　リブラス　エン　トタル

10 estar と hay と ser

プラド美術館はマドリッドにあります。

El Museo del Prado está en Madrid.
エル　ムセオ　デル　プラド　エスタ　エン　マドリ

これだけ

estar は ser とともに、英語の be 動詞の役割を分担します。
「A は〜にいる、ある」のように、主語 A の所在を表します。

yo ジョ	**estoy** エストイ	nosotros/nosotras ノソトロス　ノソトラス	**estamos** エスタモス
tú トゥ	**estás** エスタス	vosotros/vosotras ボソトロス　ボソトラス	**estáis** エスタイス
usted, él/ella ウステ　エル エジャ	**está** エスタ	ustedes, ellos/ellas ウステデス　エジョス エジャス	**están** エスタン

El Hotel Central está en pleno centro de Madrid.
エル　オテル　セントラル　エスタ　エン　プレノ　セントロ　デ　マドリ
（セントラルホテルはマドリッドの中心にあります）

Q 単語をヒントに作文してみよう。

❶ 私たちは今、家にいます。

家に　　　今
en casa, ahora
エン カサ　　アオラ

❷ アトーチャ駅は徒歩5分のところにあります。

アトーチャ駅　　徒歩5分のところに
Estación f de Atocha, a cinco minutos a pie
エスタシオン　デ アトチャ ア シンコ ミヌトス ア ピエ

❸ 私の家は駅から遠い。

駅　　　　　〜から遠い
estación f , lejos de...
エスタシオン　　　レホス デ

答えと音声を確認しよう

もっと1 hay「〜がいる/ある」
アイ

特定できない(聞き手にとって初めて聞くような)人や物の存在の有無を表します。

¿Hay hoteles por aquí? - Sí, hay uno cerca de la estación.
アイ オテレス ポル アキ　シ アイ ウノ セルカ デ ラ エスタシオン
(「この辺りにホテルはありますか？」「はい、駅の近くに1軒あります」)

Hay mucha gente en la plaza.(広場にたくさんの人がいます)
アイ ムチャ ヘンテ エン ラ プラサ

もっと2 estarとhayの違い
エスタル　アイ

estarは話し手も聞き手も特定できる人や物がどこにいるのか、あるのかを示すときに使います。hayの場合はこの共通認識がありません。

La Estación de Atocha está por aquí.
ラ エスタシオン デ アトチャ エスタ ポル アキ
(アトーチャ駅はこの近くです)
　→聞き手：あ、アトーチャ駅ね(知っている)。

Hay una estación de RENFE por aquí.
アイ ウナ エスタシオン デ レンフェ ポル アキ
(この近くにRENFEの駅があります)
　→聞き手：へえ、駅があるんだ(知らなかった)。

A

❶ Estamos en casa ahora.
エスタモス エン カサ アオラ

❷ La Estación de Atocha está a cinco minutos a pie.
ラ エスタシオン デ アトチャ エスタ ア シンコ ミヌトス ア ピエ

❸ Mi casa está lejos de la estación.
ミ カサ エスタ レホス デ ラ エスタシオン

まとめ

❶
yo	**estoy**	nosotros/nosotras	**estamos**
tú	**estás**	vosotros/vosotras	**estáis**
usted, él/ella	**está**	ustedes, ellos/ellas	**están**

❷ hay：特定できない人や物がいる、ある。

❸ estarは話し手も聞き手も特定できる人や物がどこにいるのか、あるのかを示すときに使う。hayにはこの共通認識がない。

Q 単語をヒントに作文してみよう。

❶ 教室にたくさんの学生がいます。

> 教室に　　　　たくさん
> **en el aula, muchos**
> エン エル アウラ　ムチョス

❷ 件の学生たちは教室にいます。

❸ この辺りに観光案内所はありますか？

> この辺りに　観光案内所
> **por aquí, oficina f de turismo**
> ポル アキ　オフィシナ　デ トゥリスモ

❹ 観光案内所はマヨール広場にあります。

> マヨール広場
> **Plaza f Mayor**
> プラサ　　マジョル

❺ 明日は授業がありません。

> 明日　　　授業
> **mañana, clase f**
> マニャナ　　クラセ

答えと音声を確認しよう

+α estar と ser

estar も ser と同じように「A＝B（形容詞）」を表します。
ser は B が A の形状や性質を表すとき、estar は B が A の状態や変化の結果を表すときに使います。

María es guapa.（マリアは美人だ）
マリア　エス　グアパ

María está guapa.（マリアはおしゃれをしているね）
マリア　エスタ　グアパ

A

① Hay muchos estudiantes en el aula.
アイ　ムチョス　エストゥディアンテス　エン　エル　アウラ

② Los estudiantes están en el aula.
ロス　エストゥディアンテス　エスタン　エン　エル　アウラ

③ ¿Hay una oficina de turismo por aquí?
アイ　ウナ　オフィシナ　デ　トゥリスモ　ポル　アキ

④ La oficina de turismo está en la Plaza Mayor.
ラ　オフィシナ　デ　トゥリスモ　エスタ　エン　ラ　プラサ　マジョル

⑤ No hay clase mañana.
ノ　アイ　クラセ　マニャナ

まとめのドリル 2

1 Sí や No に続けて答えてみよう。

① ¿Eres japonés?（君は日本人？）
Sí, _____.

② ¿Diego y Antonio son de Lima?（ディエゴとアントニオはリマ出身ですか？）
Sí, _____.

③ ¿Sois estudiantes?（君たちは学生ですか？）
No, _____.

④ ¿Tus padres están en casa ahora?（君のご両親は今、家にいますか？）
Sí, _____.

⑤ ¿Hay clase mañana?（明日は授業がありますか？）
No, _____.

2 指示詞か所有詞を入れてみよう。

① ¿Qué es (　　　)?　Es un móvil.
これは何？　携帯電話です。

② (　　　) padres son de Andalucía.
私の両親はアンダルシア出身です。

③ Aquellas señoras son (　　　) profesoras.
あちらの女性たちは彼の先生です。

④ (　　　) zapatos son de Manuel.
その靴はマヌエルのです。

⑤ (　　　) coche es nuestro.
あの車は私たちのです。

3 estarの適切な形かhayを入れてみよう。

❶ ¿(　　) una parada de metro por aquí?
この辺りに地下鉄乗り場はありますか？
＊parada f de metro：地下鉄乗り場

❷ El Palacio Real (　　) cerca de la parada de metro "Ópera".
王宮は、(地下鉄)オペラ駅の近くにあります。
＊Palacio m Real：マドリードの王宮　cerca de～：～の近くに

❸ (　　) mucha gente en el parque.
公園にはたくさんの人がいます。
＊parque m：公園

❹ (　　) muchas tiendas cerca de la estación.
駅の近くに、お店がたくさんあります。
＊tienda f：店

❺ La Pastelería Mallorca (　　) en el centro de la ciudad.
マジョルカケーキ店は、町の中心にあります。
＊pastelería f：ケーキ店　centro m：中心

こたえ

1
❶ ¿Eres japonés? Sí, <u>soy japonés</u>.
❷ ¿Diego y Antonio son de Lima? Sí, <u>son de Lima</u>.
❸ ¿Sois estudiantes? No, <u>no somos estudiantes</u>.
❹ ¿Tus padres están en casa ahora? Sí, <u>están en casa ahora</u>.
❺ ¿Hay clase mañana? No, <u>no hay clase mañana</u>.

2
❶ ¿Qué es <u>esto</u>? - Es un móvil.
❷ <u>Mis</u> padres son de Andalucía.
❸ Aquellas señoras son <u>sus</u> profesoras.
❹ <u>Esos</u> zapatos son de Manuel.
❺ <u>Aquel</u> coche es nuestro.

3
❶ ¿<u>Hay</u> una parada de metro por aquí?
❷ El Palacio Real <u>está</u> cerca de la parada de metro "Ópera".
❸ <u>Hay</u> mucha gente en el parque.
❹ <u>Hay</u> muchas tiendas cerca de la estación.
❺ La Pastelería Mallorca <u>está</u> en el centro de la ciudad.

コラム2

スペイン時間

　スペイン人の食事の中心は昼食です。それもだいたい午後2時ごろから始まります。この昼食の時間は、あいさつの表現にも関係してきます。

　スペイン語で「おはよう」はBuenos días、「こんにちは」はBuenas tardes。そして、「こんばんは」と「おやすみなさい」はBuenas nochesです。Buenos díasとBuenas tardesは、昼食の午後2時ごろを境に使い分けます。Buenas tardesとBuenas nochesの境は日が暮れるころです。ですので、「朝、午前中(mañana)」と「午後(tarde)」、「午後(tarde)」と「夜(noche)」の境もその辺りの時間になります。

　昼食との関係で、悩んだ言い回しがありました。a mediodíaという言い方です。大学の先生に、「明日、a mediodíaに私に電話して(Llámame mañana a mediodía.)」と言われ、「OK！(¡Vale!)」と答えたものの、後で、「何時に電話をすればいいんだろう？」と考え込んでしまいました。

　a mediodíaは直訳すると「正午に」となるのですが、正午は12時、日本ではお昼ご飯と重なる時間です。ただ、スペインの昼食は2時過ぎ。12時に電話をすべきか2時に電話をすべきか悩み、最終的に間を取って1時過ぎに電話をしてみると先生は外出中。電話に出た先生の旦那さんに「質問なんだけど…、a mediodíaとふつうの会話で使うときは何時になるの？」と聞いたら、「昼食時だから2時ごろだよ」との答えが返ってきました。あいさつにもその国の習慣が反映されているのですね。

STEP 3

11 規則動詞の直説法現在

私はスペイン語と日本語を話します。

Hablo español y japonés.
アブロ　　エスパニョル　イ　ハポネス

これだけ

動詞の原形は例外なく -ar, -er, -ir のいずれかで終わります。この語尾を取り去り、主語に合わせた直説法現在の語尾をつけると、「私・君は〜します」と言うことができます。主語に合わせて語尾が変化するので、ふつう主語は省略します。

-ar動詞：hablar（話す）
アブラル

yo (ジョ)	**hablo** (アブロ)	nosotros/nosotras (ノソトロス／ノソトラス)	**hablamos** (アブラモス)
tú (トゥ)	**hablas** (アブラス)	vosotros/vosotras (ボソトロス／ボソトラス)	**habláis** (アブライス)
usted, él/ella (ウステ　エル　エジャ)	**habla** (アブラ)	ustedes, ellos/ellas (ウステデス　エジョス　エジャス)	**hablan** (アブラン)

Q 単語をヒントに作文してみよう。

❶ 君は働いているの？　それとも勉強しているの？

――――――――――――――

働く　それとも　勉強する
trabajar, o, estudiar
トラバハル　オ　エストゥディアル

❷ 私は法律を勉強しています。

――――――――――――――

法律
Derecho
デレチョ

❸ 私はある銀行で働いています。

――――――――――――――

ある銀行で
en un banco m
エン　ウン　バンコ

答えと音声を確認しよう

もっと1

-er動詞：comer（食べる、昼食をとる）
コメル

yo ジョ	**como** コモ	nosotros/nosotras ノソトロス ノソトラス	**comemos** コメモス
tú トゥ	**comes** コメス	vosotros/vosotras ボソトロス ボソトラス	**coméis** コメイス
usted, él/ella ウステ エル エジャ	**come** コメ	ustedes, ellos/ellas ウステデス エジョス エジャス	**comen** コメン

Siempre como en casa.（私はいつも家で昼食をとります）
シエンプレ　コモ　　エン　カサ

もっと2

-ir動詞：vivir（生きる、住む）
ビビル

主語がnosotros/nosotras, vosotros/vosotrasのときのみ、-er動詞の活用語尾と異なります。後は全く同じ活用語尾です。

yo ジョ	**vivo** ビボ	nosotros/nosotras ノソトロス ノソトラス	**vivimos** ビビモス
tú トゥ	**vives** ビベス	vosotros/vosotras ボソトロス ボソトラス	**vivís** ビビス
usted, él/ella ウステ エル エジャ	**vive** ビベ	ustedes, ellos/ellas ウステデス エジョス エジャス	**viven** ビベン

Vivo solo.（僕はひとり暮らしです）
ビボ　ソロ

A

❶ ¿Trabajas o estudias?
トラバハス　オ　エストゥディアス

❷ Estudio Derecho.
エストゥディオ　デレチョ

❸ Trabajo en un banco.
トラバホ　エン　ウン　バンコ

規則動詞の直説法現在

まとめ

❶ 「私・君は〜します」：動詞の語尾-ar, -er, -irを取り、主語に合わせた直説法現在の語尾をつける。ふつう主語は省略。

❷ -ar動詞：hablar（話す）
hablo, hablas, habla, hablamos, habláis, hablan

❸ -er動詞：comer（食べる、昼食をとる）
como, comes, come, comemos, coméis, comen

❹ -ir動詞：vivir（生きる、住む）
vivo, vives, vive, vivimos, vivís, viven

Q 単語をヒントに作文してみよう。

❶ 君たちは東京に住んでいるの？
　東京に
　en Tokio
　エン　トキオ

❷ いいえ、私たちは横浜に住んでいます。

❸ スペインでは2時ごろ昼食をとります。
　2時ごろ
　sobre las dos
　ソブレ　ラス　ドス

❹ 私は妻にメールを書いている。
　メールを書く　　妻に
　escribir un email, a mi mujer
　エスクリビル　ウン　イメイル　ア　ミ　ムヘル

❺ 私たちは歌が上手いのよ。
　歌う　　　上手く
　cantar, bien
　カンタル　　ビエン

答えと音声を確認しよう

+α 直説法現在

直説法現在は、次のようなことを表すことができます。

① 現在行われている行為、起きている出来事、現在の状態

Leo el periódico ahora.
レオ　エル　ペリオディコ　アオラ

（私は今新聞を読んでいます）

② 現在の習慣や繰り返し行われている行為

Leo el periódico todos los días.
レオ　エル　ペリオディコ　トドス　ロス　ディアス

（私は毎日新聞を読んでいます）

＊繰り返しを表すことで、職業と解釈されることがあります。

Teresa estudia Derecho en la universidad.
テレサ　エストゥディア　デレチョ　エン　ラ　ウニベルシダ

（テレサは大学で法律を勉強しています。→テレサは法学部の大学生です）

③ 確実な未来の出来事や行為

Mañana visitamos Toledo.
マニャナ　ビシタモス　トレド

（明日、私たちはトレドを訪れます）

A

❶ ¿Vivís en Tokio?
ビビス　エン　トキオ

❷ No, vivimos en Yokohama.
ノ　ビビモス　エン　ヨコハマ

❸ En España comen sobre las dos.
エン　エスパニャ　コメン　ソブレ　ラス　ドス

❹ Escribo un email a mi mujer.
エスクリボ　ウン　イメイル　ア　ミ　ムヘル

❺ Cantamos bien.
カンタモス　ビエン

12 1人称単数が不規則な動詞

「買い物に行くの？」「ええ、すぐに出かけます」
¿Sales de compras?
サレス デ コンプラス
– Sí, salgo dentro de un rato.
シ サルゴ デントロ デ ウン ラト

これだけ

主語が yo のときに -go になる動詞

主語が yo のときだけ、不規則な形になる動詞があります。

salir（出る、出かける）サリル	salgo, sales, sale, salimos, salís, salen サルゴ　サレス　サレ　サリモス　サリス　サレン
poner（置く）ポネル	pongo, pones, pone, ponemos, ponéis, ponen ポンゴ　ポネス　ポネ　ポネモス　ポネイス　ポネン

Q 単語をヒントに作文してみよう。

❶「君は今晩出かけるの？」「ええ、友達と出かけます」

今晩　　　　（私の）友達
esta noche, mis amigos
エスタ　ノチェ　　ミス　アミゴス

❷ 植木鉢を窓の近くに置いておきます。

植木鉢　　窓の近くに
la maceta, junto a la ventana
ラ　マセタ　　フント　ア　ラ　ベンタナ

❸「テレビをつけてくれる？」「うん、テレビをつけるよ」

テレビをつける
poner la televisión
ポネル　ラ　テレビシオン

答えと音声を確認しよう

もっと1 主語が yo のときに -zco になる動詞

conducir コンドゥシル (運転する)
conduzco, conduces, conduce,
コンドゥスコ　コンドゥセス　コンドゥセ
conducimos, conducís, conducen
コンドゥシモス　コンドゥシス　コンドゥセン

conocer コノセル ((体験的に)知っている)
conozco, conoces, conoce,
コノスコ　コノセス　コノセ
conocemos, conocéis, conocen
コノセモス　コノセイス　コノセン

¿Conduces? - Sí, conduzco.(「車を運転する？」「ええ、しますよ」)
コンドゥセス　　シ　コンドゥスコ

もっと2 その他の主語が yo のときに不規則な形になる動詞

主語が vosotros のときにアクセントがある動詞もない動詞もあるので、1つずつ覚えましょう。

saber サベル ((知識・情報として)知っている)
sé, sabes, sabe,
セ　サベス　サベ
sabemos, sabéis, saben
サベモス　サベイス　サベン

dar (与える) ダル
doy, das, da, damos, dais, dan
ドイ　ダス　ダ　ダモス　ダイス　ダン

ver (見る) ベル
veo, ves, ve, vemos, veis, ven
ベオ　ベス　ベ　ベモス　ベイス　ベン

¿Sabes español? - Sí, sé español.
サベス　エスパニョル　　シ　セ　エスパニョル
(「スペイン語を知っている（スペイン語ができる）？」「ええ、できます」)

A

❶ ¿Sales esta noche? - Sí, salgo con mis amigos.
サレス　エスタ　ノチェ　　シ　サルゴ　コン　ミス　アミゴス

❷ Pongo la maceta junto a la ventana.
ポンゴ　ラ　マセタ　フント　ア　ラ　ベンタナ

❸ ¿Pones la televisión? - Sí, pongo la televisión.
ポネス　ラ　テレビシオン　　シ　ポンゴ　ラ　テレビシオン

1人称単数が不規則な動詞

まとめ

❶ 主語が yo のときに -go になる動詞
salir（出る、出かける）：
sal**go**, sales, sale, salimos, salís, salen

❷ 主語が yo のときに -zco になる動詞
conducir（運転する）：
condu**zco**, conduces, conduce, conducimos, conducís, conducen

❸ その他の主語が yo のときに不規則な形になる動詞
saber（（知識・情報として）知っている）：
sé, sabes, sabe, sabemos, sabéis, saben

Q 単語をヒントに作文してみよう。

❶ 私たちは毎朝テレビを見ます。
テレビ　　　毎朝
la televisión, todas las mañanas
ラ テレビシオン　トダス ラス マニャナス

❷ 私はこの本を私の弟にあげるの。
この本　〜を…にあげる　私の弟
este libro, dar 〜 a…, mi hermano menor
エステ リブロ　ダル　ア　ミ エルマノ　メノル

❸ 私はスペインを知っている（スペインに行ったことがある）。
スペイン　　知っている
España, conocer
エスパニャ　コノセル

❹ 私は毎晩食卓の準備をしています。
毎晩　食卓の準備をする
todas las noches, poner la mesa
トダス ラス ノチェス　ポネル ラ メサ

❺ 私は彼の住所を知っています。
彼の住所　　　知っている
su dirección, saber
ス ディレクシオン　　サベル

答えと音声を確認しよう

+α　saber と conocer の違い

どちらも「知っている」を意味しますが、conocer は見たり聞いたりして体験的に「知っている」、saber は知識や情報などを持っているという意味の「知っている」を表します。

Conozco bien esta zona.（私はこの地域をよく知っている）
コノスコ　ビエン　エスタ　ソナ

Sé la verdad.（私は真実を知っている）
セ　ラ　ベルダ

A

❶ Vemos la televisión todas las mañanas.
ベモス　ラ　テレビシオン　トダス　ラス　マニャナス

❷ Doy este libro a mi hermano menor.
ドイ　エステ　リブロ　ア　ミ　エルマノ　メノル

❸ Conozco España.
コノスコ　エスパニャ

❹ Pongo la mesa todas las noches.
ポンゴ　ラ　メサ　トダス　ラス　ノチェス

❺ Sé su dirección.
セ　ス　ディレクシオン

13 語幹母音変化動詞

コンサートは8時に始まります。
El concierto empieza a las ocho.
エル　コンシエルト　　エンピエサ　　ア　ラス　オチョ

これだけ

規則動詞では変わらない語幹（語尾の-ar,-er,-irを除いた部分）の母音が変化する動詞があります。

e→ieに変わる動詞：**querer**（愛している、〜したい、欲しい）
ケレル

yo ジョ	qu**ie**ro キエロ	nosotros/nosotras ノソトロス ノソトラス	queremos ケレモス
tú トゥ	qu**ie**res キエレス	vosotros/vosotras ボソトロス ボソトラス	queréis ケレイス
usted, él/ella ウステ エル エジャ	qu**ie**re キエレ	ustedes, ellos/ellas ウステデス エジョス エジャス	qu**ie**ren キエレン

同じ変化をする動詞
sentir（感じる、残念に思う）→ siento, sientes, siente...
センティル　　　　　　　　　　　　シエント　シエンテス　シエンテ
preferir（好む）→ prefiero, prefieres, prefiere...
プレフェリル　　　　　プレフィエロ　プレフィエレス　プレフィエレ

Q 単語をヒントに作文してみよう。

❶ マリオはオレンジジュースを欲しがっている。

　オレンジジュース
　un zumo de naranja
　ウン　スモ　デ　ナランハ

❷ 僕は妻をとても愛している。

　とても　　　妻を
　mucho, a mi mujer
　ムチョ　　ア ミ　ムヘル

❸ 私たちは買い物に行きたい。

　〜したい　　　　買い物に出かける
　querer＋動詞の原形, salir de compras
　ケレル　　　　　　　　　　サリル デ コンプラス

答えと音声を確認しよう

もっと1　o→ue に変わる動詞：poder（〜できる）
ポデル

yo ジョ	**puedo** プエド	nosotros/nosotras ノソトロス　ノソトラス	**podemos** ポデモス
tú トゥ	**puedes** プエデス	vosotros/vosotras ボソトロス　ボソトラス	**podéis** ポデイス
usted, él/ella ウステ　エル エジャ	**puede** プエデ	ustedes, ellos/ellas ウステデス　エジョス エジャス	**pueden** プエデン

同じ変化をする動詞：

contar（話す、数える）→ cuento, cuentas, cuenta...
コンタル　　　　　　　　　　クエント　クエンタス　クエンタ

dormir（眠る）→ duermo, duermes, duerme...
ドルミル　　　　　ドゥエルモ　ドゥエルメス　ドゥエルメ

volver（戻る）→ vuelvo, vuelves, vuelve...
ボルベル　　　　　プエルボ　プエルベス　プエルベ

もっと2　e→i に変わる動詞（-ir 動詞のみ）：pedir（頼む）
ペディル

yo ジョ	**pido** ピド	nosotros/nosotras ノソトロス　ノソトラス	**pedimos** ペディモス
tú トゥ	**pides** ピデス	vosotros/vosotras ボソトロス　ボソトラス	**pedís** ペディス
usted, él/ella ウステ　エル エジャ	**pide** ピデ	ustedes, ellos/ellas ウステデス　エジョス エジャス	**piden** ピデン

同じ変化をする動詞：

repetir（繰り返す）→ repito, repites, repite...
レペティル　　　　　　　　レピト　レピテス　レピテ

seguir（続く）→ sigo, sigues, sigue...（主語が yo のときの形に注意）
セギル　　　　　　シゴ　シゲス　シゲ

語幹母音変化動詞

A

❶ Mario quiere un zumo de naranja.
マリオ　キエレ　ウン　スモ　デ　ナランハ

❷ Quiero mucho a mi mujer.
キエロ　ムチョ　ア　ミ　ムヘル

❸ Queremos salir de compras.
ケレモス　サリル　デ　コンプラス

まとめ

❶ 語幹の母音が e → ie に変わる動詞
querer（愛している、〜したい、欲しい）：
qu**ie**ro, qu**ie**res, qu**ie**re, queremos, queréis, qu**ie**ren

❷ 語幹の母音が o → ue に変わる動詞
poder（〜できる）：
p**ue**do, p**ue**des, p**ue**de, podemos, podéis, p**ue**den

❸ 語幹の母音が e → i に変わる動詞（-ir 動詞のみ）
pedir（頼む）：
p**i**do, p**i**des, p**i**de, pedimos, pedís, p**i**den

Q 単語をヒントに作文してみよう。

❶ あなたと話すことができますか？
〜できる　　　あなたと
poder + 動詞の原形, con usted
ポデル　　　　　コン ウステ

❷ 私たちの両親は明日家に帰ってきます。
家に帰る
volver a casa
ボルベル　ア カサ

❸ 私は山より海が好き。
山　　　海　A より B が好き
la montaña, la playa, preferir B a A
ラ モンタニャ　ラ プラジャ　プレフェリル ア

❹ 遅刻してすみません。
〜して遺憾だ　　遅刻する
sentir + 動詞の原形, llegar tarde
センティル　　　　ジェガル タルデ

❺ 子どもたちは1日8時間眠る。
1日につき　8時間
al día,　8 horas
アル ディア　オチョ オラス

答えと音声を確認しよう

+α 語幹母音変化動詞での母音とアクセントの関係

語幹母音変化動詞では、アクセントのある母音のeやoが変化します。nosotros, vosotrosが主語のとき母音が変化しないのは、これらが主語のときは語尾にアクセントがあるからです。また、語幹にeが2つあるpreferirのような動詞の場合、どちらのeがieになるのか悩むところですが、「アクセントのあるe」がヒントになります。活用してアクセントが来るのは語尾に近いeなので、こちらがieとなり、prefiero, prefieres, prefiere, preferimos, preferís, prefierenと変化します。

A

❶ ¿Puedo hablar con usted?
プエド アブラル コン ウステ

❷ Nuestros padres vuelven a casa mañana.
ヌエストロス パドレス ブエルベン ア カサ マニャナ

❸ Prefiero la playa a la montaña.
プレフィエロ ラ プラジャ ア ラ モンタニャ

❹ Siento llegar tarde.
シエント ジェガル タルデ

❺ Los niños duermen ocho horas al día.
ロス ニニョス ドゥエルメン オチョ オラス アル ディア

14 その他の不規則動詞

私はとてもお腹がすいています。

Tengo mucha hambre.
テンゴ　　　ムチャ　　　アンブレ

不規則活用（語幹母音変化＋1人称単数が不規則）

tener（持つ）
テネル

yo ジョ	**tengo** テンゴ	nosotros/nosotras ノソトロス　ノソトラス	**tenemos** テネモス
tú トゥ	**ti**e**nes** ティエネス	vosotros/vosotras ボソトロス　ボソトラス	**tenéis** テネイス
usted, él/ella ウステ　エル エジャ	**ti**e**ne** ティエネ	ustedes, ellos/ellas ウステデス　エジョス エジャス	**ti**e**nen** ティエネン

同じような変化をする動詞

venir（来る）→ **vengo**, v**ie**nes, v**ie**ne, venimos, venís, v**ie**nen
ベニル　　　　　　　ベンゴ　　ビエネス　　ビエネ　　ベニモス　　ベニス　　ビエネン

decir（言う）→ **digo**, d**i**ces, d**i**ce, decimos, decís, d**i**cen
デシル　　　　　　　ディゴ　　ディセス ディセ　デシモス　　デシス　ディセン

Q 単語をヒントに作文してみよう。

❶ 私はお金がありません。
_____

お金
dinero m
ディネロ

❷ アナはとても素敵な車を持っている。
_____

とても素敵な車
un coche muy bonito
ウン　コチェ　ムイ　ボニト

❸ 君、時間ある？
_____

時間
tiempo m
ティエンポ

答えと音声を確認しよう

もっと1 ir（行く）
イル

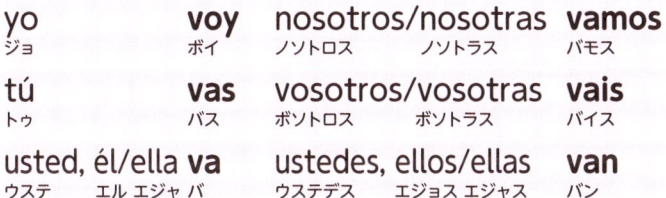

yo ジョ	**voy** ボイ	nosotros/nosotras ノソトロス　ノソトラス	**vamos** バモス
tú トゥ	**vas** バス	vosotros/vosotras ボソトロス　ボソトラス	**vais** バイス
usted, él/ella **va** ウステ　エル エジャ バ		ustedes, ellos/ellas ウステデス　エジョス エジャス	**van** バン

Voy a la oficina.（私は仕事に行きます）
ボイ　ア　ラ　オフィシナ

もっと2 oír（聞こえる）
オイル

yo ジョ	**oigo** オイゴ	nosotros/nosotras ノソトロス　ノソトラス	**oímos** オイモス
tú トゥ	**oyes** オジェス	vosotros/vosotras ボソトロス　ボソトラス	**oís** オイス
usted, él/ella **oye** ウステ　エル エジャ オジェ		ustedes, ellos/ellas ウステデス　エジョス エジャス	**oyen** オジェン

Oigo un ruido en la cocina.（台所で物音が聞こえる）
オイゴ　ウン　ルイド　エン ラ コシナ

A

❶ No tengo dinero.
ノ　テンゴ　ディネロ

❷ Ana tiene un coche muy bonito.
アナ　ティエネ　ウン　コチェ　ムイ　ボニト

❸ ¿Tienes tiempo?
ティエネス　ティエンポ

その他の不規則動詞

まとめ

❶ tener（持つ）:
tengo, tienes, tiene, tenemos, tenéis, tienen

❷ ir（行く）: voy, vas, va, vamos, vais, van

❸ oír（聞こえる）: oigo, oyes, oye, oímos, oís, oyen

Q 単語をヒントに作文してみよう。

❶ 私たちは今年の夏、海に行きます。

今年の夏　　　海に行く
este verano, ir a la playa
エステ　ベラノ　イル ア ラ プラジャ

❷ 君は車でラジオを聞きますか？

車で　　　　ラジオを聞く
en el coche, oír la radio
エン エル コチェ　オイル ラ ラディオ

❸ (答えて) いいえ、(ラジオを) 聞きません。

❹ 君、どこに行くの？

どこに〜？
¿Adónde...?
アドンデ

❺ (答えて) 大学に行くの。

大学に行く
ir a la facultad
イル ア ラ ファクルタ

答えと音声を確認しよう

+α tener と ir を使った表現
テネル　イル

① tener を使って状態を表すことができます。

　　tener + hambre/sed/sueño/calor/frío...
　　　　　　テネル　アンブレ　セ　スエニョ　カロル　フリオ
　　(お腹がすいている、喉が渇いている、眠い、暑い、寒い…)

②「tener que ＋動詞の原形」で「〜しなければならない」を表します。
　　　テネル　ケ

　　Mañana **tengo que trabajar**. (私は明日働かなければならない)
　　マニャナ　テンゴ　ケ　トラバハル

③「ir a ＋動詞の原形」で、「〜するつもりだ」「〜だろう」を表します。
　　イル ア

　　Mañana **va a llover**. (明日、雨が降るだろう)
　　マニャナ　バ　ア　ジョベル

④「Vamos a ＋動詞の原形」で、「〜しましょう」を表すことができます。
　　バモス　ア

　　Vamos a salir esta noche. (今晩出かけましょう)
　　バモス　ア　サリル　エスタ　ノチェ

A

❶ Este verano vamos a la playa.
　エステ ベラノ バモス ア ラ プラジャ

❷ ¿Oyes la radio en el coche?
　オジェス ラ ラディオ エン エル コチェ

❸ No, no oigo la radio.
　ノ ノ オイゴ ラ ラディオ

❹ ¿Adónde vas?
　アドンデ バス

❺ Voy a la facultad.
　ボイ ア ラ ファクルタ

15 前置詞

私はバルセロナ出身です。

Soy de Barcelona.
ソイ　デ　　バルセロナ

これだけ

a ア	（方向）〜へ、（時刻）〜時に
de デ	（方向）〜から、（所有）〜の、（材料）〜製の
en エン	（場所）〜の中に、（年、月、季節）〜に、（交通手段）〜で

Mañana llegamos **a** Madrid.（明日、私たちはマドリッドに着きます）
マニャナ　ジェガモス　ア　マドリ

Voy **de** Tokio **a** Osaka **en** tren.（私は電車で東京から大阪へ行きます）
ボイ　デ　トキオ　ア　オオサカ　エン　トレン

Q 単語をヒントに作文してみよう。

❶ 私たちは車で大学に行きます。
　車　　大学　　　行く
　coche, la facultad, ir
　コチェ　ラ　ファクルタ　イル

❷ この眼鏡は私の祖母のです。
　この眼鏡　　私の祖母
　estas gafas, mi abuela
　エスタス　ガファス　ミ　アブエラ

❸ 私の両親はメキシコに住んでいます。
　私の両親　　メキシコ　住む
　mis padres, México, vivir
　ミス　パドレス　メヒコ　ビビル

答えと音声を確認しよう

もっと1　前置詞 a, de ＋男性単数定冠詞 el → al, del

前置詞の a, de と男性単数定冠詞の el が並ぶと、al, del と1語になります。

Voy a~~el~~ parque. → Voy **al** parque.（私は公園に行きます）
ボイ　アル　パルケ

Este libro es de~~el~~ hermano de Ana.
→ Este libro es **del** hermano de Ana.（この本はアナの兄(弟)のです）
エステ　リブロ　エス　デル　エルマノ　デ　アナ

もっと2　「～と一緒に」「～の辺りに」「～のために」

con コン	（同伴）～と一緒に、（道具・手段）～で
por ポル	（理由）～ゆえに、（空間・時間）～の辺りに
para パラ	（目的）～のために

Mañana ceno **con** mi familia.（明日、家族と一緒に夕食をとります）
マニャナ　セノ　コン　ミ　ファミリア

Por la mañana estudio.（午前中、私は勉強します）
ポル　ラ　マニャナ　エストゥディオ

Este regalo es **para** María.（このプレゼントはマリアのためだよ）
エステ　レガロ　エス　パラ　マリア

A

❶ Vamos a la facultad en coche.
バモス　ア　ラ　ファクルタ　エン　コチェ

❷ Estas gafas son de mi abuela.
エスタス　ガファス　ソン　デ　ミ　アブエラ

❸ Mis padres viven en México.
ミス　パドレス　ビベン　エン　メヒコ

まとめ

❶ a：(方向)〜へ、(時刻)〜時に
de：(方向)〜から、(所有)〜の、(材料)〜製の
en：(場所)〜の中に、(年、月、季節)〜に、(交通手段)〜で

❷ 前置詞 a, de ＋男性単数定冠詞 el → al, del

❸ con：(同伴)〜と一緒に、(道具・手段)〜で
por：(理由)〜ゆえに、(空間・時間)〜の辺りに
para：(目的)〜のために

Q 単語をヒントに作文してみよう。

❶ 君は明日映画館に行きますか？

映画館　行く
el cine, ir
エル シネ　イル

❷ (答えて) はい、マヌエルと一緒に映画館に行きます。

❸ 彼の家はトレド辺りにある。

彼の家　　トレド　　ある
su casa, Toledo, estar
ス カサ　トレド　エスタル

❹ 私は、午後は図書館で勉強しています。

午後　　　図書館
la tarde, la biblioteca
ラ タルデ　ラ ビブリオテカ

❺ 日本人はお箸を使って米を食べます。

お箸　　　　　米　　　食べる
palillos m pl, arroz m, comer
パリジョス　　アロス　　コメル

答えと音声を確認しよう

+α 前置詞の後ろに代名詞が来る場合

①前置詞の後ろに代名詞が来る場合、yo, tú以外は主語の代名詞を使います。

前置詞 (a, de, en...)	~~yo~~ → mí ミ	nosotros/nosotras ノソトロス　ノソトラス
	~~tú~~ → ti ティ	vosotros/vosotras ボソトロス　ボソトラス
	usted, él/ella ウステ　エル エジャ	ustedes, ellos/ellas ウステデス　エジョス エジャス

Estudiamos español con ellas.
エストゥディアモス　エスパニョル　コン　エジャス
(私たちは彼女らと一緒にスペイン語を勉強しています)

②前置詞conの後にmí, tiが来る場合、conmigo, contigoと1語で表します。

¿Vienes conmigo? - Sí, voy contigo.
ビエネス　コンミゴ　　　シ　ボイ　コンティゴ
(「私と一緒に来る？」「ええ、君と一緒に行くよ」)

A

❶ ¿Mañana vas al cine?
マニャナ バス アル シネ

❷ Sí, voy al cine con Manuel.
シ ボイ アル シネ コン マヌエル

❸ Su casa está por Toledo.
ス カサ エスタ ポル トレド

❹ Por la tarde estudio en la biblioteca.
ポル ラ タルデ エストゥディオ エン ラ ビブリオテカ

❺ Los japoneses comen arroz con palillos.
ロス ハポネセス コメン アロス コン パリジョス

まとめのドリル 3

1 動詞を選び、適切な形にして入れてみよう。

[hablar, trabajar, vivir, comer, leer]

① Takashi (　　　) japonés, inglés y español.
孝は日本語、英語、スペイン語を話します。

② ¿(　　　) en Tokio? - No, (　　　) en Chiba.
「君は東京に住んでいるの？」「いいえ、私は千葉に住んでいます」

③ Mi padre (　　　) en un banco.
私の父は銀行で働いています。

④ Los españoles (　　　) sobre las dos.
スペイン人は２時頃に昼食をとります。

⑤ (　　　) el periódico todos los días.
私は毎日新聞を読みます。

2 動詞を選び、適切な形にして入れてみよう。

[poner, ir, saber, tener, oír]

① (　　　) mucho sueño.
私はとても眠い。　　＊sueño：眠気

② (　　　) a bailar.
（私たちは）踊りましょう。　　＊bailar：踊る

③ (　　　) la radio por internet.
私はインターネットでラジオを聞く。

④ ¿(　　　) la televisión?
テレビをつけましょうか？

⑤ (　　　) la dirección de María.
私はマリアの住所を知っています。　　＊dirección f：住所

3 前置詞を入れてみよう。

① Vivo (　　) mi familia.
   私は家族と一緒に住んでいます。　　＊familia f：家族

② Vivimos (　　) Kobe.
   私たちは神戸に住んでいます。

③ Vamos (　　) la facultad.
   私たちは大学に行きます。

④ Estas son las gafas (　　) mi abuelo.
   これは、私の祖父の眼鏡です。

⑤ Mi hermano trabaja (　　) la noche.
   私の兄(弟)は夜働いています。

こたえ

1
① Takashi habla japonés, inglés y español.
② ¿Vives en Tokio? - No, vivo en Chiba.
③ Mi padre trabaja en un banco.
④ Los españoles comen sobre las dos.
⑤ Leo el periódico todos los días.

2
① Tengo mucho sueño.
② Vamos a bailar.
③ Oigo la radio por internet.
④ ¿Pongo la televisión?
⑤ Sé la dirección de María.

3
① Vivo con mi familia.
② Vivimos en Kobe.
③ Vamos a la facultad.
④ Estas son las gafas de mi abuelo.
⑤ Mi hermano trabaja por la noche.

コラム3

バル

　「日本にあればいいなあ、と思うスペインの施設は何？」と聞かれると、いつも即座に「バル！」と答えます。日本にも「スペインバル」と銘打ったスペインレストランが増えてきましたが、スペインのバルとは似て非なるもの。

　スペインのバルは、朝から夜遅くまでフル活動します。朝は朝食を提供し、お昼や夜は定食、そして大皿料理 (raciones) やおつまみ (tapas) などを提供し、お酒も出します。

　スペイン人にとって、バルは生活の一部です。カウンターでコーヒーやビールを飲みに、軽くおつまみ (tapas) やフランスパンのサンドイッチ (bocadillos) を食べに寄ります。もちろん、何かちょっとしたものを頼まなければなりませんが、トイレに行きたくなったときにも、バルを利用します。バルのボーイさん (camareros) はフル活躍です。次から次へとカウンターに来るお客さんの注文を聞き、給仕し、会計をしていきます。お酒類を頼むと、オリーブ (aceitunas) やチョリソー (chorizos) など簡単なおつまみ (tapas) がついてきます。パエリア (paella) など温かいお料理をちょっと出してくれるところもありますし、町によってはいくつかの中から好きなおつまみを選べるところもあります。「時間つぶしのために軽くビールを1杯」と思って入り、無料のおつまみでお腹がいっぱいになることもあります。数回訪れればボーイさん (camareros) は顔を覚えてくれ、話しかけてきたり、時にはビールをごちそうしてくれることもあります。現地の人になったような気分を味わうことができます。バルに入るときも元気な¡Hola!というあいさつを忘れずに。

STEP 4

16 疑問詞を使った疑問文

「大学で何を勉強しているの？」「法律を勉強しているの」
¿Qué estudias en la universidad?
ケ　エストゥディアス　エン　ラ　ウニベルシダ
– Estudio Derecho.
エストゥディオ　デレチョ

これだけ

疑問詞で始まる疑問文では、**疑問詞＋動詞＋主語**の語順になります。

何 qué ケ	¿Qué día es hoy? -Es lunes.（「今日は何曜日？」「月曜日です」） ケ　ディア エス オイ　エス ルネス ¿Por qué no vienes? -Porque estoy cansado. ポル ケ ノ ビエネス　ポルケ　エストイ カンサド （「なぜ来ないの？」「疲れているからですよ」） ＊前置詞は疑問詞の前に置きます。
誰 quién キエン quiénes キエネス	¿Quién es ella? -Es María.（「彼女は誰？」「マリアよ」） キエン　エス エジャ　エス マリア ¿Quiénes son ellos? -Son mis profesores. キエネス　ソン エジョス　ソン ミス プロフェソレス （「彼らは誰？」「僕の先生たちです」）

Q 単語をヒントに作文してみよう。

❶「あれは何？」「劇場だよ」

　あれ　　　劇場
　aquello, teatro
　アケジョ　テアトロ

❷「誰がこのケーキを欲しいの？」「私！」

　この ケーキ　　欲しい
　este, pastel m sg, querer(e→ie)
　エステ パステル　　ケレル

❸「なぜスペイン語を勉強しているの？」「重要だからです」

　なぜ　　重要な　　〜だから
　por qué, importante, porque...
　ポル ケ　インポルタンテ　ポルケ

答えと音声を確認しよう

もっと1 「いつ」「どこ」「どのように」

いつ **cuándo** クアンド	¿Cuándo es tu cumpleaños? クアンド　エス トゥ クンプレアニョス -Es el 10 de enero. エス エル ディエス デ エネロ (「君の誕生日はいつ?」「1月10日よ」)	
どこ **dónde** ドンデ	¿De dónde eres?　-Soy de Toledo.* デ ドンデ エレス　　ソイ デ トレド (「君、どこの出身?」「トレドよ」)	
どのように **cómo** コモ	¿Cómo te llamas?　-Me llamo Marina. コモ　テ ジャマス　　メ ジャモ　マリナ (「お名前は?」「マリナと言います」)	

＊前置詞は疑問詞の前に置きます。

もっと2 「いくつ」「どれ」

いくつ **cuánto** クアント **cuánta** クアンタ	¿Cuánto es?　-Son seis euros. クアント エス　　ソン セイス エウロス (「いくらですか?」「6ユーロです」)	
cuántos クアントス **cuántas** クアンタス	¿A cuántos estamos hoy?　-Estamos a 5 de agosto. ア クアントス エスタモス オイ　　エスタモス ア シンコ デ アゴスト (「今日は何日ですか?」「8月5日です」)	
どれ **cuál, cuáles** クアル　クアレス	¿Cuál es tu número de móvil? クアル エス トゥ ヌメロ　デ モビル (君の携帯電話の番号は何番ですか?) -Es el 987 65 43 21. エス エル ヌエベ オチョ シエテ セイス シンコ クアトロ トレス ドス ウノ (987 65 43 21です)	

A

❶ ¿Qué es aquello?　- Es un teatro.
ケ エス アケジョ　　　　エス ウン テアトロ

❷ ¿Quién quiere este pastel?　- ¡Yo!
キエン キエレ エステ パステル　　　ジョ!

❸ ¿Por qué estudias español?　- Porque es importante.
ポル ケ エストゥディアス エスパニョル　　ポルケ エス インポルタンテ

まとめ

❶ 疑問詞で始まる疑問文は、疑問詞＋動詞＋主語の語順に。

❷ qué（何）、quién/quiénes（誰）

❸ cuándo（いつ）、dónde（どこ）、cómo（どのように）

❹ cuánto/cuánta/cuántos/cuántas（いくつ）、cuál/cuáles（どれ）

Q 単語をヒントに作文してみよう。

❶「ご機嫌いかがですか？」「良いです、ありがとう」

> 元気な　〜です　ありがとう
> **bien, estar, gracias**
> ビエン　エスタル　グラシアス

❷「君はいくつ？」「20歳です」

> 〜歳です。　　　　　20
> **tener＋数字＋años, veinte**
> テネル　　　　アニョス　ベインテ

❸「君はどこに住んでいるの？」「セゴビアに住んでいます」

> セゴビア
> **Segovia**
> セゴビア

❹「何名様ですか？」「5名です」

❺「スペインの首都はどこですか？」「マドリッドです」

> 首都　　　どこ　マドリッド
> **la capital, cuál, Madrid**
> ラ　カピタル　クアル　マドリ

答えと音声を確認しよう

+α 曜日と月の名

曜日や月の名を覚えましょう。

■曜日

月曜日 lunes（ルネス）、火曜日 martes（マルテス）、水曜日 miércoles（ミエルコレス）、

木曜日 jueves（フエベス）、金曜日 viernes（ビエルネス）、土曜日 sábado（サバド）、

日曜日 domingo（ドミンゴ）

■月

1月 enero（エネロ）、2月 febrero（フェブレロ）、3月 marzo（マルソ）、4月 abril（アブリル）、

5月 mayo（マジョ）、6月 junio（フニオ）、7月 julio（フリオ）、8月 agosto（アゴスト）、

9月 septiembre（セプティエンブレ）、10月 octubre（オクトゥブレ）、

11月 noviembre（ノビエンブレ）、12月 diciembre（ディシエンブレ）

A

❶ ¿Cómo estás? - Bien, gracias.
コモ エスタス　　　ビエン グラシアス

❷ ¿Cuántos años tienes? - Tengo veinte años.
クアントス アニョス ティエネス　　テンゴ ベインテ アニョス

❸ ¿Dónde vives? - Vivo en Segovia.
ドンデ ビベス　　　ビボ エン セゴビア

❹ ¿Cuántos son ustedes? - Somos cinco.
クアントス ソン ウステデス　　　ソモス シンコ

❺ ¿Cuál es la capital de España? - Es Madrid.
クアル エス ラ カピタル デ エスパニャ　　エス マドリ

17 目的語の代名詞

「私のこと愛している？」「うん、とても愛しているよ」
¿Me quieres?
　メ　　キエレス
– Sí, te quiero mucho, cariño.
　シ　テ　　キエロ　　　ムチョ　　　カリニョ

これだけ

間接目的語の代名詞（〜に）、直接目的語の代名詞（〜を）は、活用した動詞の前が定位置です。1人称と2人称では、それぞれ同じ形を使います。

「〜に」「〜を」

	単数	複数
1人称	me メ	nos ノス
2人称	te テ	os オス

¿Me esperas? - Sí, te espero.（「私を待っていてくれる？」「うん、君を待っているよ」）
　メ　エスペラス　　シ　テ　エスペロ

Te doy un caramelo.（君にあめを1つあげるよ）
テ　ドイ　ウン　カラメロ

Q 単語をヒントに作文してみよう。

❶ 私に塩を取ってくれる？

　塩　　（取って）渡す
　la sal, pasar
　ラ　サル　　パサル

❷ (君、) 駅で私たちを待っていてくれる？

　駅　　　　　　待つ
　la estación, esperar
　ラ　エスタシオン　　エスペラル

❸ (答えて) うん、君たちを待っているよ。

答えと音声を確認しよう

もっと1　3人称の間接目的語の代名詞と直接目的語の代名詞

3人称では、間接目的語の代名詞と直接目的語の代名詞の形は異なります。

	間接目的語の代名詞（〜に）		直接目的語の代名詞（〜を）*	
	男性	女性	男性	女性
単数	le レ		lo ロ	la ラ
複数	les レス		los ロス	las ラス

＊男性・女性は、指している人・物が男性か女性かによります。

Les doy una buena noticia.（あなた方に良いニュースがあります）
レス　ドイ　ウナ　ブエナ　ノティシア

¿Ves **el partido**? - Sí, **lo** veo en la tele.（「試合を見る？」「うん、テレビで見るよ」）
ベス　エル　パルティド　　シ　ロ　ベオ　エン　ラ　テレ

もっと2　間接目的語と直接目的語がどちらも代名詞の場合の語順

間接目的語の代名詞＋直接目的語の代名詞の順です。

¿**Me** das **este anillo**? - Sí, **te lo** doy.
メ　ダス　エステ　アニジョ　　　シ　テ　ロ　ドイ

（「私にこの指輪をくれる？」「ええ、君にそれをあげます」）

A

❶ ¿Me pasas la sal?
　メ　パサス　ラ　サル

❷ ¿Nos esperas en la estación?
　ノス　エスペラス　エン　ラ　エスタシオン

❸ Sí, os espero.
　シ　オス　エスペロ

ま と め

❶ 目的語の代名詞は、活用した動詞の前に置く。
「〜に」「〜を」：1人称単数 me、1人称複数 nos、
　　　　　　　　 2人称単数 te、2人称複数 os

❷ 「〜に」：3人称単数 le、3人称複数 les
「〜を」：3人称単数男性 lo、3人称単数女性 la、
　　　　　3人称複数男性 los、3人称複数女性 las

❸ 「間接目的語の代名詞＋直接目的語の代名詞＋活用した動詞」の語順。

Q 下線部を目的語の代名詞に置き換えてみよう。

❶ 君に私の携帯を貸してあげる。
Te dejo mi móvil.
> 携帯 móvil m、貸す dejar

❷ 私の住所を私の同僚に教える。
Doy mi dirección a mis compañeros.
> 住所 dirección f、同僚 compañero、教える dar

❸ このケーキを買いましょう。
Compramos esta tarta.
> ケーキ tarta f、買う comprar

❹ 私はインターネットでラジオを聞く。
Oigo la radio por internet.
> インターネット internet、ラジオ radio、聞く oír

❺ この書類を私の上司に渡す。
Entrego este documento a mi jefe.
> 書類 documento、上司 jefe、渡す entregar

答えと音声を確認しよう

+α 間接目的語でほかに覚えておきたいこと

①間接目的語が名詞の場合、前置詞のaがつきます。直接目的語が名詞のときも、特定の人を表す場合はaがつきます。

Doy este libro **a** María.（この本をマリアにあげる）
ドイ　エステ　リブロ　ア　マリア

Visito **a** mis abuelos mañana.（私は明日祖父母を訪ねます）
ビシト　ア　ミス　アブエロス　マニャナ

②le, lesとlo, la, los, lasが並んだら、le, lesはseに変わります。

　　le, les ＋ lo, la, los, las
→ **se** ＋ lo, la, los, las

¿Das este libro a María? -Sí, ~~le~~ **se** lo doy.
ダス　エステ　リブロ　ア　マリア　　シ　セ　ロ　ドイ

（「この本をマリアにあげるの？」「うん、あげるよ」）

③否定文をつくる場合、否定のnoは、「目的語の代名詞＋活用した動詞」の前に置きます。

¿Das este libro a María?　- No, **no** se lo doy.
ダス　エステ　リブロ　ア　マリア　　ノ　ノ　セ　ロ　ドイ

目的語の代名詞 17

A

❶ Te lo dejo.
テ　ロ　デオ

❷ Les doy mi dirección.
レス　ドイ　ミ　ディレクシオン

❸ La compramos.
ラ　コンプラモス

❹ La oigo por internet.
ラ　オイゴ　ポル　インテルネト

❺ Le entrego este documento.
レ　エントレゴ　エステ　ドクメント

18 gustar型の動詞

「チョコレートは好きですか？」「はい、とても好きです」
¿Te gusta el chocolate?
テ　グスタ　エル　チョコラテ
– Sí, me gusta mucho.
シ　メ　グスタ　ムチョ

これだけ

好みを表す動詞gustarは「好き」と感じている人が間接目的語の代名詞 (me, te, le, nos, os, les)、「好き」な対象が主語で表されます。

間接目的語の代名詞	gustar グスタル	主語
me, te, le, nos, os, les メ　テ　レ　ノス　オス　レス	**gusta** グスタ	単数：el café（コーヒー） エル　カフェ
	gustan グスタン	複数：los perros（犬） ロス　ペロス

¿Te gusta la música pop? - Sí, me gusta./No, no me gusta.
テ　グスタ　ラ　ムシカ　ポプ　　シ　メ　グスタ　ノ　ノ　メ　グスタ
（「ポップ音楽は好き？」「ええ、好きよ。/いいえ、好きじゃないわ」）

Q 単語をヒントに作文してみよう。

❶ 君は猫が好き？
_____

❷ 私たちはパエリアが好きです。
_____

❸ 彼はテニスをするのが好きではありません。
_____

猫
los gatos m pl
ロス　ガトス

パエリア
la paella
ラ　パエジャ

テニスをすること
jugar al tenis
フガル　アル　テニス

答えと音声を確認しよう

もっと1 le, les の人を特定する場合

「マリアは犬が好き」「私の両親は旅行するのが好き」と le, les が誰なのかをはっきりさせたい場合は、前に a ＋名詞を置きます。le, les もそのまま残します。

A María le gustan los perros.（マリアは犬が好き）
ア マリア レ グスタン ロス ペロス

A mis padres les gusta viajar.（私の両親は旅行するのが好き）
ア ミス パドレス レス グスタ ビアハル

もっと2 強調や対比

「a ＋代名詞／名詞」を前に置いて、強調や対比を表します。このときも間接目的語の代名詞はそのまま残します。

A mí me gusta España.（私はスペインが大好き）
ア ミ メ グスタ エスパニャ

A ti te gusta la película de terror pero **a mí** no **me** gusta.
ア ティ テ グスタ ラ ペリクラ デ テロル ペロ ア ミ ノ メ グスタ
（君はホラー映画が好きだけど、私は好きじゃないの）

A

❶ ¿Te gustan los gatos?
　テ グスタン ロス ガトス

❷ Nos gusta la paella.
　ノス グスタ ラ パエジャ

❸ No le gusta jugar al tenis.
　ノ レ グスタ フガル アル テニス

まとめ

❶ 好きと感じている人（me, te, le, nos, os, les）＋ gustar（好き）＋「好き」な対象（主語）の語順。

❷ 好きと感じている人を特定する場合：
A＋名詞＋le, les＋gustar（好き）＋「好き」な対象（主語）。

❸ 強調・対比：
A＋代名詞／名詞＋間接目的語の代名詞＋gustar（好き）＋「好き」な対象（主語）。

Q 下線に「a＋名詞・代名詞」を入れ、文を完成させてみよう。

❶ ナタリアは料理をするのが好きです。
　　　　　　　le gusta cocinar.

ナタリア　料理する
Natalia, cocinar

❷ 私はワインが好きだけど、マリオは好きではない。
　　me gusta el vino pero 　　 no le gusta.

ワイン　　マリオ
vino m , Mario

❸ あなたはコーヒーが好きですか？
¿　　　　　　　le gusta el café?

❹ 私たちはお菓子が好きだけど、彼らは好きではない。
　　nos gustan los dulces pero 　　 no les gustan.

お菓子
dulces m pl

❺ 君はサッカーが好きじゃないけど、僕は好きだ。
　　no te gusta el fútbol pero 　　 me gusta.

サッカー　　でも
fútbol m , pero

答えと音声を確認しよう

+α 相手の好みに対して自分の好き嫌いを伝える場合

① 相手の好みに対して自分の好き嫌いを伝える場合、次のように表現します。

・自分も相手と同じ好み

Me gusta el chocolate. ♥ - A mí también. ♥
メ グスタ エル チョコラテ ア ミ タンビエン

No me gusta el chocolate. ✕ - A mí tampoco. ✕
ノ メ グスタ エル チョコラテ ア ミ タンポコ

・自分の好みは相手と違う

Me gusta el chocolate. ♥ - A mí no. ✕
メ グスタ エル チョコラテ ア ミ ノ

No me gusta el chocolate. ✕ - A mí sí. ♥
ノ メ グスタ エル チョコラテ ア ミ シ

② doler(「痛む」o→ueに変わる語幹母音変化動詞)、
ドレル
importar(重要だ)、faltar(不足している)など、
インポルタル ファルタル
gustarと同じ構造をとる動詞があります。

Me duele mucho la cabeza. (私は頭がとても痛い)
メ ドゥエレ ムチョ ラ カベサ

Nos falta dinero. (私たちにはお金が足りない)
ノス ファルタ ディネロ

A

❶ A Natalia
ア ナタリア

❷ A mí, a Mario
ア ミ ア マリオ

❸ A usted
ア ウステ

❹ A nosotros, a ellos
ア ノストロス ア エジョス

❺ A ti, a mí
ア ティ ア ミ

19 比較表現

マリアは彼女のお姉さんより背が高い。
María es más alta que su hermana mayor.
マリア　エス　マス　アルタ　ケ　ス　エルマナ　マジョル

これだけ

形容詞の比較級

「más ＋形容詞＋ que〜」で「(主語は)〜よりも…だ」を表します。

Antonio es aplicado.（アントニオは勤勉だ）
アントニオ　エス　アプリカド

Antonio es más aplicado que Juan.
アントニオ　エス　マス　アプリカド　ケ　ファン

（アントニオはファンより勤勉だ）

Q 単語をヒントに作文してみよう。

❶ カルメンは彼女の妹より背が低い。

妹　背が低い
hermana pequeña, baja
エルマナ　ペケニャ　バハ

❷ この車はあの車より大きい。

大きい
grande
グランデ

❸ その時計はこの時計より高い。

その時計　（値段が）高い　この時計
ese reloj, caro, este(reloj)
エセ　レロ　カロ　エステ　レロ

答えと音声を確認しよう

もっと1 「(主語は)〜と同じくらい…だ」

「tan＋形容詞＋como〜」で「(主語は)〜と同じくらい…だ」を表します。

Gema es **tan** guapa **como** Merche.
ヘマ　エス　タン　グアパ　コモ　メルチェ
(ヘマはメルチェと同じくらい美しい)

否定文にすると、「(主語は)〜ほど…でない」を表します。

María **no** es **tan** guapa **como** Gema.
マリア　ノ　エス　タン　グアパ　コモ　ヘマ
(マリアはヘマほど美しくない)

もっと2 副詞の比較級

形容詞の位置に副詞を入れます。

Ana corre rápido. (アナは速く走る→足が速い)
アナ　コレ　ラピド

Ana corre **más** rápido **que** Lucía. (アナはルシアより速く走る)
アナ　コレ　マス　ラピド　ケ　ルシア

Ana corre **tan** rápido **como** Isa. (アナはイサと同じくらい速く走る)
アナ　コレ　タン　ラピド　コモ　イサ

A

❶ Carmen es más baja que su hermana pequeña.
カルメン　エス　マス　バハ　ケ　エルマナ　ペケニャ

❷ Este coche es más grande que aquel (＝aquel coche).
エステ　コチェ　エス　マス　グランデ　ケ　アケル　　　アケル　コチェ

❸ Ese reloj es más caro que este (＝este reloj).
エセ　レロ　エス　マス　カロ　ケ　エステ　　　エステ　レロ

まとめ

❶ más ＋形容詞＋ que ～（（主語は）～よりも…だ）

❷ tan ＋形容詞＋ como ～（（主語は）～と同じくらい…だ）

❸ 副詞の比較表現の語順も形容詞の場合と同じ。

Q 単語をヒントに作文してみよう。

❶ 花子は太郎と同じくらい働き者だ。
　働き者の
　trabajadora
　トラバハドラ

❷ 父は私より早く家を出る。
　早く　　　　家を出る
　temprano, salir de casa
　テンプラノ　　サリル デ カサ

❸ クララはレティシアほど背が高くない。
　背が高い
　alta
　アルタ

❹ 私の家は君の家より小さい。
　家　　　　小さい
　casa f , pequeña
　カサ　　　　ペケニャ

❺ アナは彼女の夫と同じくらい遅くに帰宅する。
　アナ　夫　遅く　帰宅する
　Ana, marido, tarde, llegar a casa
　アナ　マリド　タルデ　ジェガル ア カサ

答えと音声を確認しよう

+α 不規則な比較形と形容詞の最上級

① 不規則な比較形

・bueno（良い）、bien（上手く）の比較級はmejor。

Este ordenador es **mejor que** ese.（このパソコンはそれより良い）

・malo（悪い）、mal（下手に）の比較級はpeor。

Julio baila **peor que** yo.（フリオは僕より踊りが下手だ）

・年上を表すときにはmayor、年下を表す場合にはmenor。

Manuel es **mayor que** tú.（マヌエルは君より年上だ）

② 形容詞の最上級

定冠詞/所有詞などの限定詞＋（名詞）＋比較級（＋de～）で表します。

Ana es **la chica más alta de** la clase.

（アナはクラスで一番背が高い女の子です）

Este vino **es el mejor de** este restaurante.

（このワインは、このレストランで最も良い物です）

A

❶ Hanako es tan trabajadora como Taro.

❷ Mi padre sale de casa más temprano que yo.

❸ Clara no es tan alta como Leticia.

❹ Mi casa es más pequeña que la tuya (= tu casa).

❺ Ana llega a casa tan tarde como su marido.

20 再帰動詞

私は、金曜日はかなり遅く寝ます。

Los viernes me acuesto muy tarde.
ロス　　ビエルネス　　メ　　アクエスト　ムイ　　タルデ

これだけ

「自分自身を・に」を表す再帰代名詞を伴った動詞を再帰動詞と言い、主語が行った動作が「再び自分に帰る」ことを表します。主語に合わせて再帰代名詞も変わります。

levantarse（起きる）: **levantar**（起こす）+ **se**（自分自身を）
レバンタルセ　　　　　　　　レバンタル　　　　　　　セ

yo	me levanto	nosotros/nosotras nos levantamos
ジョ	メ レバント	ノソトロス　ノソトラス　ノス レバンタモス
tú	te levantas	vosotros/vosotras os levantáis
トゥ	テ レバンタス	ボソトロス　ボソトラス　オス レバンタイス
usted, él/ella se levanta		ustedes, ellos/ellas se levantan
ウステ エル エジャ セ レバンタ		ウステデス エジョス エジャス セ レバンタン

¿A qué hora te levantas generalmente? - Me levanto a las seis.
アケ オラ テ レバンタス ヘネラルメンテ　　　メ レバント ア ラス セイス
「君はふつう何時に起きるの？」　　　　　　　「6時に起きるよ」

Q 単語をヒントに作文してみよう。

❶ 僕はマルコスという名前です。

~という名前です
llamarse
ジャマルセ

❷ 子どもたちはオーバーを着ます。

オーバーを着る
ponerse el abrigo
ポネルセ　エル アブリゴ

❸ 私たちはここで靴を脱ぎます。

ここで 靴を脱ぐ
aquí, quitarse los zapatos
アキ　キタルセ　ロス サパトス

答えと音声を確認しよう

もっと1 「お互いに」

主語が複数の場合、相互（お互いに）を表すことがあります。

María José e Ignacio **se quieren** mucho.
マリア　ホセ　エ　イグナシオ　セ　キエレン　ムチョ
（マリアホセとイグナシオはとても愛し合っています）

＊「～と」を表すyは、i-、hi-で始まる語の前でeになります。また、「あるいは」を表すoは、o-、ho-で始まる語の前でuになります。

siete u ocho（7か8）
シエテ　ウ　オチョ

もっと2 「～してしまう」

再帰代名詞を使うことにより、「～してしまう」という強調の意味を加えたり、動詞のニュアンスを変えたりすることがあります。

José **se bebe** una botella de vino. ＊beberse 飲み干す、beber 飲む
ホセ　セ ベベ　ウナ　ボテジャ　デ ビノ　　　　ベベルセ　　　　　　　ベベル
（ホセはワイン1本飲み干してしまう）

Me muero de hambre. ＊morirse: 死にそう、morir: 死ぬ
メ　ムエロ　デ　アンブレ　　モリルセ　　　　　　モリル
（私、お腹がすいて死にそう）

再帰動詞
20

A

❶ Me llamo Marcos.
メ　ジャモ　マルコス

❷ Los niños se ponen el abrigo.
ロス　ニニョス　セ　ポネン　エル　アブリゴ

❸ Aquí nos quitamos los zapatos.
アキ　ノス　キタモス　ロス　サパトス

まとめ

❶ levantarse（起きる）：levantar（起こす）＋ se（自分自身を）
me levanto, te levantas, se levanta,
nos levantamos, os levantáis, se levantan

❷ 主語が複数の場合、相互（お互いに）を表すことがある。

❸ 再帰代名詞で、「〜してしまう」という強調の意味を加えたり、動詞のニュアンスを変えたりすることがある。

Q 単語をヒントに作文してみよう。

❶ 私たちはお互いに助け合っています。
_____

助け合う　お互いに
ayudarse, mutuamente
アジュダルセ　ムトゥアメンテ

❷ 子どもたちは眠くて死にそうです。
_____

眠くて死にそう
morirse de sueño
モリルセ　デ　スエニョ

❸ 私は11時に寝ます。
_____

寝る　　　　　〜時に
acostarse (o→ue), a las 数字
アコスタルセ　　ア　ラス

❹ 私は毎朝6時に目が覚めます。
_____

毎朝　　　　　目が覚める
todas las mañanas, despertarse (e→ie)
トダス　ラス　マニャナス　デスペルタルセ

❺ マリオはケーキ丸ごと1個食べてしまう。
_____

食べてしまう　ケーキ丸ごと1個
comerse, una tarta entera
コメルセ　ウナ　タルタ　エンテラ

答えと音声を確認しよう

+α 再帰代名詞 se を使った表現

① 「一般的に人は〜する」：se ＋動詞の３人称単数

En este restaurante se come bien.
エン エステ レスタウランテ セ コメ ビエン
（このレストランでは、人はおいしく食べる→このレストランはおいしい）

② 受け身：se ＋他動詞の３人称（主語は事物のみで、ふつう動詞の後ろに置きます）

En Japón se come mucho arroz.
エン ハポン セ コメ ムチョ アロス
（日本ではたくさんのお米が食べられます。→日本ではお米をたくさん食べます）

En esta región se hablan dos lenguas.
エン エスタ レヒオン セ アブラン ドス レングアス
（この地域では２つの言語が話されています）

再帰動詞 20

A

❶ Nos ayudamos mutuamente.
ノス アジュダモス ムトゥアメンテ

❷ Los niños se mueren de sueño.
ロス ニーニョス セ ムエレン デ スエニョ

❸ Me acuesto a las once.
メ アクエスト ア ラス オンセ

❹ Me despierto a las seis todas las mañanas.
メ デスピエルト ア ラス セイス トダス ラス マニャナス

❺ Mario se come una tarta entera.
マリオ セ コメ ウナ タルタ エンテラ

109

まとめのドリル 4

1 疑問詞を入れてみよう。

① ¿A (　　　) hora te levantas generalmente?　- Me levanto a las ocho.
「君はふつう何時に起きるの？」「8時に起きます」

② ¿(　　　) son aquellos señores?　- Son mis jefes.
「あちらの方々はどなたですか？」「私の上司です」

③ ¿(　　　) es en total?　- Son 60 euros.
「全部でいくらですか？」「60ユーロです」　　＊en total：全部で

④ ¿(　　　) vives?　- Vivo cerca de la Plaza de España.
「どこに住んでいるの？」「スペイン広場の近くに住んでいます」

⑤ ¿(　　　) te llamas?　- Me llamo Teresa.
「君の名前は？」「テレサです」

2 目的語の代名詞を使って答えてみよう。

① ¿Conoces a César?（セサルを知っていますか？）
No, ＿＿＿＿＿＿＿＿＿＿＿＿＿＿＿．(いいえ、知りません)

② Papá, ¿nos das dinero?（パパ、私たちにお金をくれる？）
No, ＿＿＿＿＿＿＿＿＿＿＿＿＿＿＿．(いいえ、あげません)
＊papá m：パパ(cf. mamá f：ママ)　dinero m：お金

③ ¿Te gustan los animales?（君は動物が好きですか？）
Sí, ＿＿＿＿＿＿＿＿＿＿＿＿＿＿＿．(ええ、とても好きです)

④ ¿Os gusta la música rock?（君たちはロック音楽が好き？）
No, ＿＿＿＿＿＿＿＿＿＿＿＿＿＿＿．(いいえ、好きではありません)

⑤ ¿Te acuestas muy tarde los fines de semana?（君、週末はかなり遅く寝るの？）
Sí, ＿＿＿＿＿＿＿＿＿＿＿＿＿＿＿．(ええ、かなり遅く寝ます)

❻ ¿Os ayudáis?（君たちは助け合っていますか？）
Sí, _____ .（ええ、助け合っています）

❼ ¿Anabel y Diego se quieren?（アナベルとディエゴは愛し合っているの？）
Sí, _____ .（ええ、とても）

3 比較を表す文にしてみよう。

❶ Clara es (　　　) guapa (　　　) Adriana.
クララはアドリアナと同じくらい美しい。

❷ Mi coche es (　　　) grande (　　　) este.
私の車はこれより大きい。

❸ Mi madre se levanta (　　　) temprano (　　　) yo.
母は私より早く起きる。

こたえ

1
❶ ¿A qué hora te levantas generalmente? - Me levanto a las ocho.
❷ ¿Quiénes son aquellos señores? - Son mis jefes.
❸ ¿Cuánto es en total? - Son 60 euros.
❹ ¿Dónde vives? - Vivo cerca de la Plaza de España.
❺ ¿Cómo te llamas? - Me llamo Teresa.

2
❶ ¿Conoces a César? No, no lo conozco.
❷ Papá, ¿nos das dinero? No, no os lo doy.
❸ ¿Te gustan los animales? Sí, me gustan mucho.
❹ ¿Os gusta la música rock? No, no nos gusta.
❺ ¿Te acuestas muy tarde los fines de semana? Sí, me acuesto muy tarde.
❻ ¿Os ayudáis? Sí, nos ayudamos.
❼ ¿Anabel y Diego se quieren? Sí, se quieren mucho.

3
❶ Clara es tan guapa como Adriana.
❷ Mi coche es más grande que este.
❸ Mi madre se levanta más temprano que yo.

コラム4

2つの名字

「お父さんの名前はCarlos Rodríguez Muñoz、お母さんの名前はMaría López Fernández、そして2人の間の子供の名前はSonia Rodríguez López」というように、スペイン人には名字が2つあります。そして結婚しても名字が変わらないので、家族で完全に一致する名字を持つのは兄弟だけです。

どのようなシステムになっているのでしょうか？ 最も一般的な例で説明すると、名前の次に第1の姓（父親の第1の姓）、次に第2の姓（母親の第1の姓）の順番になります。

現在では、母親の姓を第1の姓にすることもできるようになっています。お父さん、お母さんの第1の姓が同じだと、Marina Muñoz Muñozのように同じ名字を繰り返すことになります。プリントミスではありません。

1つしか名字を使わないような場面では、第1の姓を用います。前述のMarinaさんの場合はどちらも同じなので関係ありませんが、Soniaさんの例でみると、Rodríguezの方ですね。

そして名前の方では、聖人の名前に由来するものが多いようです。やはり1つと限定されているわけではなく、María Isabel、José Miguelのように2つ持っている場合もあります。友人の名前であればしっかり覚えられるのですが、その家族となるとなかなか覚えきれません。また、José Maríaは男性名、María Joséは女性名というように、名前の順番によって男性名か女性名かが変わる場合もありますし、お父さんと息子が同じ名前、ということもしばしば。慣れるまでは頭が混乱しそうです。

STEP 5

21 関係代名詞

校長先生と一緒にいる女性は僕の母です。

La señora que está con el director es mi madre.

これだけ

関係代名詞 que は、先行詞が人でも事物でもよく、その先行詞が関係節内の動詞の主語でも直接目的語でも OK です。

Tengo una amiga española. La amiga española estudia japonés.
（私にはスペイン人の友達がいます。その友達は日本語を勉強しています）

→ Tengo una amiga española que estudia japonés.
　　　　　　　　　　　　　　　　　　　修飾

（私には日本語を勉強しているスペイン人の友達がいます）

Q 次の文の意味を考えてみよう。

❶ El libro que leo ahora es *El Quijote*.

読む　『ドン・キホーテ』
leo<leer, El Quijote

＿＿＿＿＿＿＿＿＿＿＿＿＿＿＿＿＿＿

❷ La serie que veo es muy interesante.

ドラマ　見る　おもしろい
la serie, veo<ver, interesante

＿＿＿＿＿＿＿＿＿＿＿＿＿＿＿＿＿＿

❸ Aquella chica que está con José es mi hermana pequeña.

女の子　妹
chica, hermana pequeña

＿＿＿＿＿＿＿＿＿＿＿＿＿＿＿＿＿＿

答えと音声を確認しよう

もっと1 先行詞となる名詞を単に説明する場合

関係節が先行詞となる名詞を単に説明する用法があります。この場合、先行詞の後にコンマが入ります。話すときには休止が入ります。

Mi hermana, **que** quiere ser abogada , estudia mucho.
ミ　エルマナ　ケ　キエレ　セル　アボガダ　エストゥディア　ムチョ
（私の姉妹は、弁護士になりたいので、熱心に勉強しています）

もっと2 「〜すべき」

「関係代名詞＋動詞の原形」で「〜すべき」を意味します。

Tengo muchas cosas **que hacer**.
テンゴ　ムチャス　コサス　ケ　アセル
（私にはやるべきことがたくさんある）

A

❶ 私が今読んでいる本は『ドン・キホーテ』です。

❷ 私が見ているドラマはとてもおもしろい。

❸ ホセと一緒にいるあの女の子は私の妹です。

まとめ

❶ 関係代名詞que：先行詞が人でも事物でも、関係節内の動詞の主語でも直接目的語でもOK。

❷ 関係節が先行詞となる名詞を単に説明する場合、先行詞の後にコンマを入れる。

❸ 「関係代名詞＋動詞の原形」（〜すべき）

Q 関係代名詞を使って作文してみよう。

❶ マリアと話しているあの男性は、私の父です。
　話す　　父
　hablar, padre
　アブラル　　パドレ

❷ その学生たちは、遠くに住んでいるので、授業によく遅刻します。
　遠くに　よく〜する　遅刻する
　lejos, soler(o→ue)＋動詞の原形, llegar, tarde
　レホス　ソレル　　　　　　　　　ジェガル　タルデ

❸ これは今私が読んでいる小説です。
　小説
　novela f
　ノベラ

❹ あそこにあるTシャツを見たいです。
　あそこ　Tシャツ　見る　〜したい
　allí, camiseta f **, ver, querer(e→ie)**
　アジ　カミセタ　　　　ベル　ケレル

❺ スペインには訪れるべきたくさんの場所があります。
　訪れる　　場所
　visitar, sitio m
　ビシタル　　シティオ

答えと音声を確認しよう

+α 関係副詞

関係詞には、関係副詞もあります。dondeは、先行詞が場所を表す名詞の場合に使います。

Esta es la casa donde viven mis abuelos.
エスタ エス ラ カサ ドンデ ビベン ミス アブエロス
（これは、私の祖父母が住んでいる家です）

関係代名詞

A

❶ Aquel señor que habla con María es mi padre.
アケル ヤニョル ケ アブラ コン マリア エス ミ パドレ

❷ Los estudiantes, que viven lejos, suelen llegar tarde a clase.
ロス エストゥディアンテス ケ ビベン レホス スエレン シェガル タルデ ア クラセ

❸ Esta es la novela que leo ahora.
エスタ エス ラ ノベラ ケ レオ アオラ

❹ Quiero ver la camiseta que está allí.
キエロ ベル ラ カミセタ ケ エスタ アジ

❺ En España hay muchos sitios que visitar.
エン エスパニャ アイ ムチョス シティオス ケ ビシタル

22 天候などを表す単人称文

今日はとても良い天気だなあ。

Hoy hace muy buen tiempo.
オイ　アセ　ムイ　ブエン　ティエンポ

これだけ

hacerを使って天候を表す場合、動詞は常に3人称単数を使います。

¿Qué tiempo hace hoy?(今日はどんなお天気ですか？)
ケ　ティエンポ　アセ　オイ

Hace buen/mal tiempo.(良い・悪い天気です)
アセ　ブエン　マル　ティエンポ

Hace sol.(太陽が照っています)
アセ　ソル

Hace viento.(風が吹いています)
アセ　ビエント

Hace mucho calor/frío.(とても暑い・寒いです)
アセ　ムチョ　カロル　フリオ

Q 単語をヒントに作文してみよう。

❶ 日本では、冬はとても寒いです。
_____

冬
invierno
インビエルノ

❷ 北海道は、夏は涼しいです。
_____

涼しい　　　夏
hacer fresco, verano
アセル　フレスコ　ベラノ

❸ 今日は風が強いです。
_____

風が強い
mucho viento
ムチョ　ビエント

答えと音声を確認しよう

もっと1 天候を表す動詞

llover（雨が降る）、nevar（雪が降る）のように天候を表す動詞は、常に3人称単数を使います。
ジョベル　　　　　　ネバル

En Junio **llueve** mucho.（6月は雨がたくさん降ります）
エン　フニオ　ジュエベ　ムチョ

Nieva mucho en el norte de Japón.
ニエバ　ムチョ　エン　エル　ノルテ　デ　ハポン
（日本の北部は雪がたくさん降ります）

もっと2 自然現象を表す動詞

amanecer（夜が明ける）、anochecer（日が暮れる）などの動詞も
アマネセル　　　　　　アノチェセル
常に3人称単数を使います。

En invierno **anochece** temprano.
エン　インビエルノ　アノチェセ　テンプラノ
（冬は日が暮れるのが早い）

A

❶ En Japón hace mucho frío en invierno.
　エン　ハポン　アセ　ムチョ　フリオ　エン　インビエルノ

❷ En Hokkaido hace fresco en verano.
　エン　ホッカイド　アセ　フレスコ　エン　ベラノ

❸ Hoy hace mucho viento.
　オイ　アセ　ムチョ　ビエント

まとめ

❶ hacerを使って天候を表す場合、動詞は3人称単数を使う。

❷ llover（雨が降る）、nevar（雪が降る）のように天候を表す動詞は、3人称単数を使う。

❸ amanecer（夜が明ける）、anochecer（日が暮れる）などの自然現象を表す動詞も3人称単数を使う。

Q 単語をヒントに作文してみよう。

❶ 冬は7時ごろに日が暮れます。
___

日が暮れる　7時ごろに
anochecer, sobre las siete
アノチェセル　ソブレ ラス シエテ

❷ 夏は夜明けが早い（夏は早く夜が明ける）。
___

夜が明ける　早い
amanecer, temprano
アマネセル　　　テンプラノ

❸ 今日は暑い。
___

暑い
hacer calor
アセル　カロル

❹ 明日は雪が降るだろう。
___

雪が降る　～だろう
nevar, ir a＋動詞の原形
ネバル　イル ア

❺ 日本では6月にたくさん雨が降る。

6月　たくさん　雨が降る
junio, mucho, llover (o→ue)
フニオ　ムチョ　　ジョベル

答えと音声を確認しよう

+α estar や hay を使う天候の表現

estar や hay を使う天候の表現もあります。estar は3人称単数を使います。

Está nublado.（曇っています）
エスタ ヌブラド

Hay chubascos.（にわか雨が降っています）
アイ チュバスコス

季節は次のとおりです。

春　　　夏　　　秋　　冬
primavera, verano, otoño, invierno
プリマベラ　　ベラノ　　オトニョ　インビエルノ

天候などを表す単人称文

A

❶ En invierno anochece sobre las siete.
エン インビエルノ アノチェセ ソブレ ラス シエテ

❷ En verano amanece temprano.
エン ベラノ アマネセ テンプラノ

❸ Hoy hace calor.
オイ アセ カロル

❹ Mañana va a nevar.
マニャナ バ ア ネバル

❺ En Japón llueve mucho en junio.
エン ハポン ジュエベ ムチョ エン フニオ

23 過去分詞と直説法現在完了

「もう食事した？」「いいえ、まだ食べていないわ」

¿Ya has comido?
ジャ アス コミド
– No, no he comido todavía.
ノ ノ エ コミド トダビア

これだけ

規則形の過去分詞は、動詞の原形の語末を変えてつくります。

-ar動詞	-ar →-ado	hablar（話す）アブラル	hablado アブラド
-er動詞	-er	comer（食べる）コメル	comido コミド
-ir動詞	-ir →-ido	vivir（住む）ビビル	vivido ビビド

形容詞として名詞を修飾する場合は、名詞の性数に合わせて4つの形に変化します。

conocer（知る）→ conocido（知られた→有名な）
コノセル　　　　コノシド

un autor **conocido**（有名な作家）/una autora **conocida**
ウン アウトル コノシド　　　　　　　　ウナ アウトラ コノシダ

unos autores **conocidos**/unas autoras **conocidas**
ウノス アウトレス コノシドス　　ウナス アウトラス コノシダス

Q 名詞に合わせて、過去分詞の形を変えてみよう。

un coche alquilado （借りた1台の車）
ウン コチェ アルキラド

❶ unos coches ＿＿＿＿＿（借りた数台の車）
　ウノス コチェス

❷ una moto ＿＿＿＿＿（借りた1台のバイク）
　ウナ モト

❸ unas motos ＿＿＿＿＿（借りた数台のバイク）
　ウナス モトス

借りる
alquilar
アルキラル

バイク
moto f
モト

答えと音声を確認しよう

もっと1 不規則形

よく使用する動詞ほど不規則形の場合があるので、1つずつ覚えていきましょう。

decir（言う）→ dicho, escribir（書く）→ escrito, freír（揚げる）→ frito
デシル　　　　ディチョ　エスクリビル　　　　エスクリト　フレイル　　　　フリト

hacer（する、つくる）→ hecho, romper（壊す）→ roto, ver（見る）→ visto
アセル　　　　　　　エチョ　ロンペル　　　　ロト　ベル　　　　ビスト

もっと2 直説法現在完了

動詞 haber の直説法現在＋過去分詞：hablar
　　　　アベル　　　　　　　　　　　　　　アブラル

yo ジョ	he hablado エ アブラド	nosotros/nosotras ノソトロス ノソトラス	hemos hablado エモス アブラド
tú トゥ	has hablado アス アブラド	vosotros/vosotras ボソトロス ボソトラス	habéis hablado アベイス アブラド
usted, él/ella ウステ エル エジャ	ha hablado ア アブラド	ustedes, ellos/ellas ウステデス エジョス エジャス	han hablado アン アブラド

①発話時点までに完了した出来事、②まだ終わっていない期間内（日本語に訳すと「今」がつくような時間表現）に完了した出来事、③発話時点までの経験、を表します。

① Ya he comido.（もう食事した）
　 ジャ エ コミド

② Este año he viajado mucho.（今年はずいぶん旅行した）
　 エステ アニョ エ ビアハド　　ムチョ

③ He estado una vez en España.（私は1度スペインに行ったことがある）
　 エ エスタド ウナ ベス エン エスパニャ

A

❶ alquilados
　 アルキラドス

❷ alquilada
　 アルキラダ

❸ alquiladas
　 アルキラダス

まとめ

❶ 過去分詞
-ar動詞：-ar → ado(hablar → hablado)
-er/-ir動詞：-er/-ir → ido(comer → comido/vivir → vivido)

❷ 過去分詞不規則形
decir（言う）→ dicho, escribir（書く）→ escrito, freír（揚げる）→ frito, hacer（する、つくる）→ hecho, romper（壊す）→ roto, ver（見る）→ visto

❸ 直説法現在完了：haberの直説法現在＋過去分詞

Q 単語をヒントに作文してみよう。

❶ もう宿題をしたの？
　　もう　　　宿題をする
　　ya, hacer los deberes
　　ジャ　アセル　ロス　デベレス

❷ 今週、私は5本の映画を見ました。
　　今週　　　　　映画
　　esta semana, película
　　エスタ　セマナ　　ペリクラ

❸ 私はフライドポテトが大好きです。
　　大好き　　フライドポテト
　　gustar mucho, patatas fritas
　　グスタル ムチョ　パタタス フリタス

❹ 私はスペインに一度も行ったことがない。
　　一度も〜ない
　　no...nunca
　　ノ　　ヌンカ

❺ まだ、パエリアを食べたことがない。
　　まだ　パエリア　試す(経験がある)
　　todavía, paella, probar
　　トダビア　パエジャ　プロバル

答えと音声を確認しよう

+α 受け身文

① 主語＋ser＋過去分詞＋por＋動作主：動作の受け身

過去分詞は主語に合わせて性数変化します。

Los terroristas han sido detenidos por la policía.
ロス テロリスタス アン シド デテニドス ポル ラ ポリシア

（テロリストは警察によって逮捕された）

＊ただし、事物が主語の場合はse受け身の方がよく使われます。

② 主語＋estar＋過去分詞：結果状態を表現

過去分詞は主語に合わせて性数変化します。その状態を引き起こした動作主は明らかにされません。

La ventana está abierta.（窓が開いている）
ラ ベンタナ エスタ アビエルタ

＊abierto＜abrir（開ける）

過去分詞と直説法現在完了

A

❶ ¿Ya has hecho los deberes?
ジャ アス エチョ ロス デベレス

❷ Esta semana he visto cinco películas.
エスタ セマナ エ ビスト シンコ ペリクラス

❸ Me gustan mucho las patatas fritas.
メ グスタン ムチョ ラス パタタス フリタス

❹ No he estado nunca en España.
ノ エ エスタド ヌンカ エン エスパニャ

❺ Todavía no he probado la paella.
トダビア ノ エ プロバド ラ パエジャ

24 現在分詞と進行形

私は明日の試験のために勉強しています。
Estoy estudiando para el examen de mañana.
エストイ　エストゥディアンド　パラ　エル　エクサメン　デ　マニャナ

これだけ

現在進行中の動作（「（今）〜しているところです」）は、現在形で表すことができますが、「進行中」を強調したい場合は現在進行形を使います。進行形はestarの直説法現在＋現在分詞でつくります。

hablar（話す）の現在進行形
アブラル

yo ジョ	estoy hablando エストイ　アブランド	nosotros/nosotras ノソトロス　ノソトラス	estamos hablando エスタモス　アブランド
tú トゥ	estás hablando エスタス　アブランド	vosotros/vosotras ボソトロス　ボソトラス	estáis hablando エスタイス　アブランド
usted, él/ella ウステ　エル　エジャ	está hablando エスタ　アブランド	ustedes, ellos/ellas ウステデス　エジョス　エジャス	están hablando エスタン　アブランド

Q 単語をヒントに作文してみよう。

❶ 彼らはその件について話しています。
_____

その件について
sobre ese asunto
ソブレ　エセ　アスント

❷ 母は電話中です。
_____

電話で話す
hablar por teléfono
アブラル　ポル　テレフォノ

❸ ハビエルはお客さんと話しています。
_____

ハビエル　あるお客さん
Javier, un cliente
ハビエル　ウン　クリエンテ

答えと音声を確認しよう

現在分詞のつくり方

-ar動詞では、語尾の-arを取って-ando, -er動詞、-ir動詞では語尾の-er,-irを取って-iendoをつけます。

-ar動詞	hablar（話す） アブラル	hablando アブランド
-er動詞	comer（食べる） コメル	comiendo コミエンド
-ir動詞	escribir（書く） エスクリビル	escribiendo エスクリビエンド

不規則形

①語幹母音変化動詞（-ir動詞のみ）：語幹のe→i、語幹のo→u

decir（言う）→diciendo
デシル　　　ディシエンド

dormir（眠る）→durmiendo
ドルミル　　　ドゥルミエンド

②母音＋-er, -ir: 現在分詞の語尾-iendoのi→y

leer（読む）→leyendo
レエル　　　レジェンド

oír（聞こえる、聞く）→oyendo
オイル　　　　　　オジェンド

＊その他：ir（行く）→yendo,　poder（できる）→pudiendo
　　　　　イル　　　ジェンド　　ポデル　　　　プディエンド

現在分詞と進行形

24

A

❶ Están hablando sobre ese asunto.
　エスタン　アブランド　ソブレ　エセ　アスント

❷ Mi madre está hablando por teléfono.
　ミ　マドレ　エスタ　アブランド　ポル　テレフォノ

❸ Javier está hablando con un cliente.
　ハビエル　エスタ　アブランド　コン　ウン　クリエンテ

まとめ

❶ 現在進行形：estar の直説法現在＋現在分詞

❷ 現在分詞
-ar 動詞：-ar → -ando(hablar → hablando)
-er/-ir 動詞：-er/-ir → -iendo(comer → comiendo/escribir → escribiendo)

❸ 現在分詞不規則形
decir（言う）→ diciendo,
dormir（眠る）→ durmiendo, leer（読む）→ leyendo,
oír（聞こえる、聞く）→ oyendo, ir（行く）→ yendo,
poder（できる）→ pudiendo

Q 単語をヒントに作文してみよう。

❶ 子どもたちは眠っています。
_____

眠る
dormir（語幹母音変化動詞）
ドルミル

❷ 彼は読書中です。
_____

読書をする
leer
レエル

❸ 雨が降っています。
_____

雨が降る
llover
ジョベル

❹ 君は何をしているの？
_____

する
hacer
アセル

❺ （答えて）ネットを見ているの。
_____

ネットを見る
navegar por internet
ナベガル　ポル　インテルネト

答えと音声を確認しよう

+α 現在分詞がとる目的語の代名詞

現在分詞がとる目的語の代名詞や再帰代名詞は、現在分詞の後ろにつけて1語とするか、活用した動詞の前に置きます。

¿Estás leyendo **el periódico**?
エスタス レジェンド エル ペリオディコ

- Sí, estoy leyéndo**lo**. /Sí, **lo** estoy leyendo.
シ エストイ レジェンドロ シ ロ エストイ レジェンド
(「君は（今）新聞を読んでいるの？」「うん、それを読んでいるよ」)

A

❶ Los niños están durmiendo.
ロス ニーニョス エスタン ドゥルミエンド

❷ Está leyendo.
エスタ レジェンド

❸ Está lloviendo.
エスタ ジョビエンド

❹ ¿Qué estás haciendo?
ケ エスタス アシエンド

❺ Estoy navegando por internet.
エストイ ナベガンド ポル インテルネト

25 直説法点過去

昨晩、かなり遅く寝ました。

Anoche me acosté muy tarde.
アノチェ　　メ　　アコステ　　ムイ　　タルデ

これだけ

直説法点過去は、「～した」と過去の出来事を表します。

-ar動詞
hablar（話す）
アブラル

yo ジョ	hablé アブレ	nosotros/nosotras ノソトロス　ノソトラス	hablamos アブラモス
tú トゥ	hablaste アブラステ	vosotros/vosotras ボソトロス　ボソトラス	hablasteis アブラステイス
usted, él/ella ウステ　エル エジャ	habló アブロ	ustedes, ellos/ellas ウステデス　エジョス エジャス	hablaron アブラロン

＊語幹が-c, -g, zで終わる-ar動詞は1人称単数のつづりに注意！
　理由は、つづりを音に一致させるためです。
buscar（探す）→busqué, llegar（着く）→llegué, empezar（始める）→empecé
ブスカル　　　　　ブスケ　　ジェガル　　　　　ジェゲ　　エンペサル　　　　　　エンペセ

Q 単語をヒントに作文してみよう。

❶ 昨日、私は上司と話した。

　昨日　　上司と
　ayer, con mi jefe
　アジェル　コン　ミ　ヘフェ

❷ 先週、私の父は50時間働いた。

　先週　　　　　50時間　　　働く
　la semana pasada, cincuenta horas, trabajar
　ラ　セマナ　パサダ　シンクエンタ　オラス　トラバハル

❸ 私は昨夜アスピリンを飲んだ。

　昨夜　　　アスピリンを飲む
　anoche, tomar una aspirina
　アノチェ　　トマル　　ウナ　アスピリナ

答えと音声を確認しよう

もっと1 -er動詞、-ir動詞

どちらも同じ活用語尾です。
comer（食べる）、**vivir**（住む）
コメル　　　　　　ビビル

yo ジョ	com**í** コミ	viv**í** ビビ	nosotros/ ノソトロス nosotras ノソトラス	com**imos** コミモス	viv**imos** ビビモス
tú トゥ	com**iste** コミステ	viv**iste** ビビステ	vosotros/ ボソトロス vosotras ボソトラス	com**isteis** コミステイス	viv**isteis** ビビステイス
usted, ウステ él/ella エル エジャ	com**ió** コミオ	viv**ió** ビビオ	ustedes, ウステデス ellos/ellas エジョス エジャス	com**ieron** コミエロン	viv**ieron** ビビエロン

もっと2 不規則活用の動詞

語幹の形が変わり、独特の活用語尾がつく動詞があります。

① **estar**（〜です, ある/いる）→語幹 estuv-
　　エスタル
　　poder（〜できる）　　→語幹 pud-
　　ポデル

＋ -e, -iste, -o,
　　エ　イステ　オ
　　-imos, -isteis, -ieron
　　イモス　イステイス　イエロン

estar：estuve, estuviste, estuvo, estuvimos, estuvisteis,
　　　エスタル　エストゥベ　エストゥビステ　エストゥボ　エストゥビモス　エストゥビステイス
　　　estuvieron
　　　エストゥビエロン

② **decir**（言う）　　　　→語幹 dij-
　　デシル
　　conducir（運転する）→語幹 conduj-
　　コンドゥシル

＋ -e, -iste, -o,
　　エ　イステ　オ
　　-imos, -isteis, -eron
　　イモス　イステイス　エロン

（①との違いは3人称複数のみ）

decir：dije, dijiste, dijo, dijimos, dijisteis, dijeron
　　　デシル　ディヘ　ディヒステ　ディホ　ディヒモス　ディヒステイス　ディヘロン

A

❶ Ayer hablé con mi jefe.
　アジェル　アブレ　コン　ミ　ヘフェ

❷ La semana pasada mi padre trabajó 50 horas.
　ラ　セマナ　パサダ　ミ　パドレ　トラバホ　シンクエンタ　オラス

❸ Tomé una aspirina anoche.
　トメ　ウナ　アスピリナ　アノチェ

直説法点過去

まとめ

❶ -ar 動詞：
hablar　(hablé, hablaste, habló, hablamos,
　　　　　　hablasteis, hablaron)

❷ -er/-ir 動詞：
comer　(comí, comiste, comió, comimos,
　　　　　　comisteis, comieron)
vivir　　(viví, viviste, vivió, vivimos, vivisteis, vivieron)

❸ 不規則活用
estar　(estuve, estuviste, estuvo, estuvimos,
　　　　　estuvisteis, estuvieron)

Q 単語をヒントに作文してみよう。

❶ 私たちは昨日食べ過ぎた。
　食べ過ぎる
　comer demasiado
　コメル　　デマシアド

＿＿＿＿＿＿＿＿＿＿＿＿＿＿＿＿

❷ 私は5年間マドリッドに住んだ。
　5年間
　cinco años
　シンコ　アニョス

＿＿＿＿＿＿＿＿＿＿＿＿＿＿＿＿

❸ 昨日、私は外出できなかった。
　外出する　できる
　salir, poder ＋動詞の原形
　サリル　　ポデル

＿＿＿＿＿＿＿＿＿＿＿＿＿＿＿＿

❹ 私の息子たちは、私に本当のことを言った。
　息子たち　本当のこと
　hijos,　la verdad
　イホス　　ラ　ベルダ

＿＿＿＿＿＿＿＿＿＿＿＿＿＿＿＿

❺ 昨夜私たちは家にいた。

＿＿＿＿＿＿＿＿＿＿＿＿＿＿＿＿

答えと音声を確認しよう

+α ほかの不規則活用の動詞

①完全な不規則活用

dar（与える）→ di, diste, dio, dimos, disteis, dieron
ダル　　　　　　　ディ　ディステ　ディオ　ディモス　ディステイス　ディエロン

ver（見る）→ vi, viste, vio, vimos, visteis, vieron
ベル　　　　　　ビ　ビステ　ビオ　ビモス　ビステイス　ビエロン

ser（〜です）
セル
ir（行く）　　→ fui, fuiste, fue, fuimos, fuisteis, fueron
イル　　　　　　　　フイ　フイステ　フエ　フイモス　フイステイス　フエロン

②語幹母音変化動詞（-ir動詞のみ）は、3人称で語幹がe→i, o→u となります。

pedir（頼む）→ pedí, pediste, p**i**dió, pedimos, pedisteis, p**i**dieron
ペディル　　　　　　ペディ　ペディステ　ピディオ　ペディモス　ペディステイス　ピディエロン

dormir（眠る）→ dormí, dormiste, d**u**rmió, dormimos, dormisteis, d**u**rmieron
ドルミル　　　　　　　ドルミ　ドルミステ　ドゥルミオ　ドルミモス　ドルミステイス　ドゥルミエロン

A

❶ Ayer comimos demasiado.
アジェル　コミモス　デマシアド

❷ Viví cinco años en Madrid.
ビビ　シンコ　アーニョス　エン　マドリ

❸ Ayer no pude salir.
アジェル　ノ　プデ　サリル

❹ Mis hijos me dijeron la verdad.
ミス　イホス　メ　ディヘロン　ラ　ベルダ

❺ Anoche estuvimos en casa.
アノチェ　エストゥビモス　エン　カサ

まとめのドリル 5

1 動詞を適切な形にして入れてみよう。

① ¿Qué tiempo (　　　) hoy?　　　　　　　　　　[hacer]
今日はどんなお天気ですか？

② (　　　) muy buen tiempo.　　　　　　　　　　[hacer]
とても良いお天気です。

③ En el norte de España (　　　) mucho.　　　　[llover]
スペイン北部では雨がたくさん降ります。

④ En Hokkaido (　　　) mucho.　　　　　　　　[nevar]
北海道では雪がたくさん降ります。

⑤ En invierno (　　　) temprano.　　　　　　　　[anochecer]
冬は日が暮れるのが早い。

2 赤の表現に注意しながら、動詞を点過去か現在完了にしてみよう。

① María es la chica que (　　　) en la fiesta de **anoche**.　[conocer]
マリアは昨夜のパーティーで私が知り合った女性です。（点過去で）

② No (　　　) **nunca** en España.　　　　　　　[estar]
私は一度もスペインに行ったことがありません。（現在完了で）

③ **Este año** (　　　) mucho.　　　　　　　　　[viajar]
今年、私たちはずいぶん旅行しました。（現在完了で）　＊viajar：旅行する

④ **El año pasado** (　　　) por España.　　　　　[viajar]
昨年、私はスペインを旅行しました。（点過去で）

⑤ **Ayer** (　　　) 10 horas.　　　　　　　　　　[trabajar]
昨日、私は10時間働きました。（点過去で）

❻ ¿**Ya** (   )?   [comer]
君はもうお昼ご飯を食べたの？（現在完了で）

❼ **Hoy** (   ) la nueva película de Almodóvar.   [ver]
今日、私はアルモドバルの新作映画を見ました。（現在完了で）

3 動詞を現在進行形にしてみよう。

❶ Los niños (   ).   [dormir]
子どもたちは眠っています。

❷ Mi madre (   ) la cena.   [preparar]
母は夕食の準備をしています。

❸ Mi padre (   ) la mesa.   [poner]
父は食器を並べています。　＊poner la mesa：食器を並べる

こたえ

1
❶ ¿Qué tiempo <u>hace</u> hoy?
❷ <u>Hace</u> muy buen tiempo.
❸ En el norte de España <u>llueve</u> mucho.
❹ En Hokkaido <u>nieva</u> mucho.
❺ En invierno <u>anochece</u> temprano.

2
❶ María es la chica que <u>conocí</u> en la fiesta de anoche.
❷ No <u>he estado</u> nunca en España.
❸ Este año <u>hemos viajado</u> mucho.
❹ El año pasado <u>viajé</u> por España.
❺ Ayer <u>trabajé</u> 10 horas.
❻ ¿Ya <u>has comido</u>?
❼ Hoy <u>he visto</u> la nueva película de Almodóvar.

3
❶ Los niños <u>están durmiendo</u>.
❷ Mi madre <u>está preparando</u> la cena.
❸ Mi padre <u>está poniendo</u> la mesa.

コラム5

クリスマス

　スペイン人の70％以上がカトリック教徒です。初めてスペインに行った20数年前は「無宗教なんて言ったら、とんでもない人と思われる」と言われたものですが、現在では日曜日に教会に通う人の数も減っているようです。しかし、カトリックに関連した行事は今でも重要な位置を占めています。

　まずはクリスマス。スペインではクリスマスイブは家族で集まり、食事をします。町のお店やレストランも休むところが多く、旅行者はちょっと寂しさを感じます。また、クリスマスツリーではなく、ベレン(belén)と呼ばれる、キリストの生誕をかたどった馬小屋と人形の小さな模型を飾ります。

　スペインの子どもたちには、サンタクロースではなく、東方の三博士がプレゼントを持って訪れます。それが1月5日の夜ですが、その日は各都市で東方の三博士に扮した人たちがパレードを行い、熱気に包まれます。家では、三博士が乗ってくるラクダのためにお水と草、博士たちのためにクリスマスのお菓子を準備しておきます。子どもたちは6日の朝、自分たちへのプレゼントを見つける、というわけです。

　しかし、悪い子にはプレゼントの代わりに石炭が置かれてしまいます。ショックですが、でもこの石炭、実はチョコレートでできています。罰の中にも愛情が感じられますね。

　ちなみに現在では商業的な理由からか、サンタクロースが訪れることもあるそうです。

STEP 6

26 直説法線過去

小さいころ、僕は毎週日曜日サッカーをしていました。
De pequeño, jugaba al fútbol todos los domingos.
デ ペケニョ フガバ アル フトボル トドス ロス ドミンゴス

これだけ

直説法線過去は、過去に進行中の動作や状態、あるいは習慣を表します。出来事の継続的な側面に焦点を当てて過去の出来事を表します。

-ar動詞

hablar（話す）
アブラル

yo ジョ	hablaba アブラバ	nosotros/nosotras ノソトロス ノソトラス	hablábamos アブラバモス
tú トゥ	hablabas アブラバス	vosotros/vosotras ボソトロス ボソトラス	hablabais アブラバイス
usted, él/ella ウステ エル エジャ	hablaba アブラバ	ustedes, ellos/ellas ウステデス エジョス エジャス	hablaban アブラバン

Q 単語をヒントに作文してみよう。

❶ 私たちは、毎週木曜日は遅くまで働いたものだ。

毎週木曜日　遅くまで
todos los jueves, hasta tarde
トドス ロス フエベス アスタ タルデ

❷ 僕は、毎日放課後は図書館で勉強していた。

毎日　放課後　図書館
todos los días, después de clase, la biblioteca
トドス ロス ディアス デスプエス デ クラセ ラ ビブリオテカ

❸ 以前、私の父は毎朝コーヒーを飲んでいた。

以前　毎朝　飲む
antes, todas las mañanas, tomar
アンテス トダス ラス マニャナス トマル

答えと音声を確認しよう

もっと1 -er動詞、-ir動詞

どちらも同じ活用語尾です。

comer(食べる), **vivir**(住む)
コメル　　　　　ビビル

	comer	vivir		comer	vivir
yo ジョ	comía コミア	vivía ビビア	nosotros/ nosotras ノソトロス/ノソトラス	comíamos コミアモス	vivíamos ビビアモス
tú トゥ	comías コミアス	vivías ビビアス	vosotros/ vosotras ボソトロス/ボソトラス	comíais コミアイス	vivíais ビビアイス
usted, él/ella ウステ エル エジャ	comía コミア	vivía ビビア	ustedes, ellos/ellas ウステデス エジョス エジャス	comían コミアン	vivían ビビアン

もっと2 不規則活用の動詞

線過去の不規則活用の動詞は次の3つのみです。

ir(行く) : iba, ibas, iba, íbamos, ibais, iban
イル　　　　イバ　イバス　イバ　イバモス　イバイス　イバン

ser(〜です) : era, eras, era, éramos, erais, eran
セル　　　　　エラ　エラス　エラ　エラモス　エライス　エラン

ver(見る) : veía, veías, veía, veíamos, veíais, veían
ベル　　　　ベイア　ベイアス　ベイア　ベイアモス　ベイアイス　ベイアン

A

❶ Todos los jueves trabajábamos hasta tarde.
トドス　ロス　フエベス　トラバハモス　アスタ　タルデ

❷ Todos los días estudiaba en la biblioteca después de clase.
トドス　ロス　ディアス　エストゥディアバ　エン　ラ　ビブリオテカ　デスプエス　デ　クラセ

❸ Antes mi padre tomaba café todas las mañanas.
アンテス　ミ　パドレ　トマバ　カフェ　トダス　ラス　マニャナス

まとめ

❶ -ar 動詞
hablar (話す)：(hablaba, hablabas, hablaba, hablábamos, hablabais, hablaban)

❷ -er/-ir 動詞
comer (食べる)：(comía, comías, comía, comíamos, comíais, comían)
vivir (住む)：(vivía, vivías, vivía, vivíamos, vivíais, vivían)

❸ 不規則活用
ir (行く)：iba, ibas, iba, íbamos, ibais, iban
ser (〜です)：era, eras, era, éramos, erais, eran
ver (見る)：veía, veías, veía, veíamos, veíais, veían

Q 単語をヒントに作文してみよう。

❶ 母が夕食を準備する間、私はテレビを見ていた。
〜する間　テレビを見る
mientras, ver la televisión
ミエントラス　ベル ラ テレビシオン

❷ 子どものころ、私たちはかくれんぼうをしたものだ。
子どものころ　かくれんぼうをする
De pequeños, jugar al escondite
デ ペケニョス　フガル アル エスコンディテ

❸ 以前、私は毎朝公園を走っていた。
公園を走る
correr por el parque
コレル　ポル　エル パルケ

❹ 当時、私は毎週水曜日映画を見に行っていた。
当時　毎週水曜日　映画を見に行く
entonces, todos los miércoles, ir al cine
エントンセス　トドス ロス ミエルコレス　イル アル シネ

❺ 私は以前、眼鏡をかけていましたが、今はコンタクトレンズを使っています。
眼鏡　身につける　コンタクトレンズ
gafas, llevar, lentillas
ガファス　ジェバル　レンティジャス

答えと音声を確認しよう

+α 点過去と線過去の使い分け

点過去：現在という、過去の枠組みの「外」から見て過去の出来事を「終わったこと」として表します。

線過去：過去の出来事の「中」に入って、その出来事を「（その時点では）まだ終わっていないこと」として表します。

Cuando **salí** de casa, sonó el móvil.
クアンド　サリ　デ　カサ　ソノ　エル　モビル
（私が家を出ると、携帯が鳴った）

salí: salirの点過去「家を出た（→外にいる）」
サリ

Cuando **salía** de casa, sonó el móvil.
クアンド　サリア　デ　カサ　ソノ　エル　モビル
（家を出ようとしたら携帯が鳴った）

salía: salirの線過去「家を出る」という行為の途中
サリア

A

❶ Mientras mi madre preparaba la cena, yo veía la televisión.
ミエントラス　ミ　マドレ　プレパラバ　ラ　セナ　ジョ　ベイア　ラ　テレビシオン

❷ De pequeños, jugábamos al escondite.
デ　ペケニョス　フガバモス　アル　エスコンディテ

❸ Antes corría por el parque todas las mañanas.
アンテス　コリア　ポル　エル　パルケ　トダス　ラス　マニャナス

❹ Entonces iba al cine todos los miércoles.
エントンセス　イバ　アル　シネ　トドス　ロス　ミエルコレス

❺ Antes llevaba gafas pero ahora llevo lentillas.
アンテス　ジェババ　ガファス　ペロ　アオラ　ジェボ　レンティジャス

27 直説法未来

明日、私は祖父母を訪れるつもりです。
Mañana visitaré a mis abuelos.
マニャナ　ビシタレ　ア　ミス　アブエロス

これだけ

直説法未来は、「〜だろう」という未来の事柄を表します。

規則活用：動詞の原形＋未来を表す語尾 -é, -ás, -á, -emos, -éis, -án

hablar アブラル	hablaré, hablarás, hablará, hablaremos, hablaréis, hablarán アブラレ　アブララス　アブララ　アブラレモス　アブラレイス　アブララン
comer コメル	comeré, comerás, comerá, comeremos, comeréis, comerán コメレ　コメラス　コメラ　コメレモス　コメレイス　コメラン
vivir ビビル	viviré, vivirás, vivirá, viviremos, viviréis, vivirán ビビレ　ビビラス　ビビラ　ビビレモス　ビビレイス　ビビラン

＊未来の事柄は、ir a ＋ 動詞の原形でも表すことができます。
Mañana **voy a visitar** a mis abuelos. （明日、私は祖父母を訪れるつもりです）
マニャナ　ボイ　ア　ビシタル　ア　ミス　アブエロス

Q 単語をヒントに作文してみよう。

❶ 明日、私は朝食をとらないつもりです。
　朝食をとる **desayunar** デサジュナル
　_____

❷ 明日は雨が降るでしょう。
　雨が降る **llover** ジョベル
　_____

❸ 明後日、私は30歳になります。
　明後日　30歳になる **pasado mañana, cumplir treinta años** パサド　マニャナ　クンプリル　トレインタ　アニョス
　_____

答えと音声を確認しよう

不規則活用

活用語尾は規則活用と同じですが、動詞の原形の部分（未来形の活用語幹）が変わります。① 動詞原形の語尾にある-e-が落ちるタイプ、②動詞原形の母音-e-, -i-が-d-に変わるタイプ、③その他のタイプ、の3パターンがあります。

① **poder**（～できる）：**podr**- + -é, -ás, -á, -emos, -éis, -án
ポデル
podré, podrás, podrá, podremos, podréis, podrán
ポドレ　ポドラス　ポドラ　ポドレモス　ポドレイス　ポドラン

② **tener**（持つ）：**tendr**- + -é, -ás, -á, -emos, -éis, -án
テネル
tendré, tendrás, tendrá, tendremos, tendréis, tendrán
テンドレ　テンドラス　テンドラ　テンドレモス　テンドレイス　テンドラン

③ **hacer**（する、つくる）：**har**- + -é, -ás, -á, -emos, -éis, -án
アセル
haré, harás, hará, haremos, haréis, harán
アレ　アラス　アラ　アレモス　アレイス　アラン

現在の推量

直説法未来は、「～だろうな」と現在の事柄についての推量を表すことができます。

¿Dónde está tu madre?（君のお母さんはどこ？）
ドンデ　エスタ　トゥ　マドレ

- No estoy seguro. **Estará** en casa.
ノ　エストイ　セグロ　　　　エスタラ　エン　カサ
（確かじゃないけど。家にいるんじゃないかな？）

A

❶ Mañana no desayunaré.
マニャナ　ノ　デサジュナレ

❷ Mañana lloverá.
マニャナ　ジョベラ

❸ Pasado mañana cumpliré treinta años.
パサド　マニャナ　クンプリレ　トレインタ　アニョス

まとめ

❶ 直説法未来の活用
動詞の原形＋未来を表す語尾 -é, -ás, -á, -emos, -éis, -án

❷ 不規則活用
①動詞原形の語尾にある -e- が落ちるタイプ、②動詞原形の母音 -e-, -i- が -d- に変わるタイプ、③その他のタイプの3パターンがある。
① poder（〜できる）：podr- ＋ -é, -ás, -á, -emos, -éis, -án
② tener（持つ）：tendr- ＋ -é, -ás, -á, -emos, -éis, -án
③ hacer（する、つくる）：har- ＋ -é, -ás, -á, -emos, -éis, -án

❸ 直説法未来は、「〜だろうな」と現在の事柄についての推量を表すことができる。

Q 単語をヒントに作文してみよう。

❶ 近いうちに、私たちは君を訪ねるでしょう。
> 近いうちに
> **dentro de poco**
> デントロ　デ　ポコ

❷ 私の両親は、夏、海に行く予定です。
> 夏　　　海に行く
> **verano, ir a la playa**
> ベラノ　イル ア ラ プラジャ

❸ ファンはだいたい25歳じゃないかな。
> だいたい　　　　25歳だ
> **más o menos, tener 25 años**
> マス オ メノス テネル ヴェインティシンコ アニョス

❹ 私の彼は今ごろ飛行機の中だろう。
> 私の彼　　　飛行機の中
> **mi novio, en el avión**
> ミ ノビオ　　エン エル アビオン

❺ 今年の冬は雪がたくさん降るでしょう。
> 今年の冬に　　雪がたくさん降る
> **en este invierno, nevar mucho**
> エン エステ インビエルノ ネバル ムチョ

答えと音声を確認しよう

+α 直説法過去未来

①活用

未来は現在から見た未来を表すのに対し、過去未来は過去から見た未来を表します。未来形の活用語尾の代わりに過去未来形の活用語尾 -ía, -ías, -ía, -íamos, -íais, -ían をつけます。

hablar: hablar**ía**, hablar**ías**, hablar**ía**, hablar**íamos**, hablar**íais**, hablar**ían**
アブラル　アブラリア　アブラリアス　アブラリア　アブラリアモス　アブラリアイス　アブラリアン

poder: podr**ía**, podr**ías**, podr**ía**, podr**íamos**, podr**íais**, podr**ían**
ポデル　ポドリア　ポドリアス　ポドリア　ポドリアモス　ポドリアイス　ポドリアン

（活用語幹は未来形と同じ）

②用法

・過去から見た未来

María me dijo que me **llamaría**.（マリアは私に電話をすると言った）
マリア　メ　ディホ　ケ　メ　ジャマリア

＊電話をするのは、私にそう言った時より未来。

・婉曲的な願望

Me **gustaría** hablar con el Sr. Soto.（ソト氏とお話したいのですが）
メ　グスタリア　アブラル　コン　エル　セニョル　ソト

A

❶ Dentro de poco te visitaremos.
デントロ　デ　ポコ　テ　ビシタレモス

❷ Mis padres irán a la playa en verano.
ミス　パドレス　イラン　ア　ラ　プラジャ　エン　ベラノ

❸ Juan tendrá 25 años más o menos.
フアン　テンドラ　ベインティシンコ　アニョス　マス　オ　メノス

❹ Mi novio estará en el avión ahora.
ミ　ノビオ　エスタラ　エン　エル　アビオン　アオラ

❺ En este invierno nevará mucho.
エン　エステ　インビエルノ　ネバラ　ムチョ

28 接続法現在

僕は君にもっと勉強してほしい。

Espero que estudies más.
エスペロ　ケ　エストゥディエス　マス

これだけ

接続法現在は、主動詞が願望、疑惑、命令、否定、可能性などを表す場合、その従属節（接続詞のqueで導かれる文）の中で使います。

-ar動詞の接続法現在：hablar
アブラル

yo	hable	nosotros/nosotras	hablemos
ジョ	アブレ	ノソトロス　ノソトラス	アブレモス
tú	hables	vosotros/vosotras	habléis
トゥ	アブレス	ボソトロス　ボソトラス	アブレイス
usted, él/ella	hable	ustedes, ellos/ellas	hablen
ウステ　エル エジャ	アブレ	ウステデス　エジョス エジャス	アブレン

＊つづりに注意すべき動詞 llegar（着く）: llegue, llegues, llegue...
ジェガル　ジェゲ　ジェゲス　ジェゲ

＊願望を表す動詞 querer が主動詞の場合
ケレル

Quiero que hables más alto.（私は君にもっと大きな声で話してほしい）
キエロ　ケ　アブレス　マス　アルト

Q かっこの中の動詞を適切な形にしてみよう。

❶ ファンが遅くまで働いているということを我々は疑っている。
　Dudamos que Juan (trabajar) hasta tarde.
　ドゥダモス　ケ　ファン　トラバハル　アスタ　タルデ

疑う
dudar
ドゥダル

❷ 飛行機が遅れるかもしれない。
　Es posible que (llegar) tarde el avión.
　エス　ポシブレ　ケ　ジェガル　タルデ　エル　アビオン

❸ 私は息子が一所懸命勉強しているとは思えない。
　No creo que mi niño (estudiar) mucho.
　ノ　クレオ　ケ　ミ　ニニョ　エストゥディアル　ムチョ

息子
niño
ニニョ

もっと1 -er動詞、-ir動詞

どちらも同じ活用語尾です。

comer(食べる)、**vivir**(住む)
コメル　　　　　　ビビル

	comer	vivir		comer	vivir
yo ジョ	com**a** コマ	viv**a** ビバ	nosotros/ ノソトロス nosotras ノソトラス	com**amos** コマモス	viv**amos** ビバモス
tú トゥ	com**as** コマス	viv**as** ビバス	vosotros/ ボソトロス vosotras ボソトラス	com**áis** コマイス	viv**áis** ビバイス
usted, ウステ él/ella エル エジャ	com**a** コマ	viv**a** ビバ	ustedes, ウステデス ellos/ellas エジョス エジャス	com**an** コマン	viv**an** ビバン

もっと2 不規則活用

① 直説法現在1人称単数からつくる

tener (tengo→teng-)：tenga, tengas, tenga, tengamos tengáis, tengan
テネル　　　　　　　　　　テンガ　　テンガス　　テンガ　　テンガモス　　テンガイス　テンガン

② 語幹母音変化動詞：直説法現在と同じように語幹が変化(-ir動詞の場合、1人称・2人称複数でo→u, e→iとなるので注意が必要)

dormir(眠る)：duerma, duermas, duerma, d**u**rmamos, d**u**rmáis, duerman
ドルミル　　　　　ドゥエルマ　ドゥエルマス　ドゥエルマ　ドゥルマモス　ドゥルマイス　ドゥエルマン

③ 完全な不規則活用動詞

estar(〜です/ある、いる)：esté, estés, esté, estemos, estéis, estén
エスタル　　　　　　　　　　　エステ　エステス　エステ　エステモス　エステイス　エステン

A
1. trabaje
   トラバヘ
2. llegue
   ジェゲ
3. estudie
   エストゥディエ

接続法現在

まとめ

❶ 接続法現在は、主動詞が願望、疑惑、命令、否定、可能性などを表す場合、その従属節（接続詞のqueで導かれる文）で使う。

❷ -ar動詞：hablar(hable, hables, hable, hablemos, habléis, hablen)

❸ -er/-ir動詞：comer(coma, comas, coma, comamos, comáis, coman)
vivir(viva, vivas, viva, vivamos, viváis, vivan)

❹ 不規則活用
①直説法現在1人称単数からつくるタイプ、②語幹母音変化動詞、③完全な不規則活用動詞の3タイプがある。
① tener (持つ) (tengo→teng-)：tenga, tengas, tenga, tengamos tengáis, tengan
② dormir (眠る)：duerma, duermas, duerma, durmamos, durmáis, duerman
③ estar (～です/ある、いる)：esté, estés, esté, estemos, estéis, estén

Q 単語をヒントに作文してみよう。

❶ 私たちは君にここにいてほしい。

> ～してほしい
> **querer que＋接続法**
> ケレル　ケ

❷ 私はマリオに恋人がいるとは思えない。

> ～とは思えない　恋人がいる
> **no creer que＋接続法, tener novia**
> ノ　クレエル　ケ　　　　テネル　ノビア

❸ 両親は私にスペイン語を勉強してほしいと思っている。

❹ 私は飛行機が定刻に到着することを願っている。

> 飛行機　～することを願う
> **el avión, esperar que＋接続法,**
> エル　アビオン　エスペラル　ケ
> 定刻に到着する
> **llegar a tiempo**
> ジェガル　ア　ティエンポ

❺ 明日、雨が降るかもしれない。

> ～かもしれない
> **es posible que＋接続法,**
> エス　ポシブレ　ケ
> 雨が降る
> **llover(語幹母音変化動詞 o→ue)**
> ジョベル

答えと音声を確認しよう

+α 従属節の動詞は接続法か直説法か？

従属節の動詞が接続法になるか、直説法になるかは、主節の意味により決まります。

主節 確信していることを表す表現（動詞など）→ 従属節 直説法

Creo que María **viene** a la fiesta.
クレオ ケ マリア ビエネ ア ラ フィエスタ
（私はマリアがパーティーに来ると信じている）
＊creer：信じる
　クレエル

主節 願望や疑惑、感情などを表す表現→ 従属節 接続法

No creo que María **venga** a la fiesta.
ノ クレオ ケ マリア ベンガ ア ラ フィエスタ
（マリアがパーティーに来るとは思わない）

A

❶ Queremos que estés aquí.
ケレモス ケ エステス アキ

❷ No creo que Mario tenga novia.
ノ クレオ ケ マリオ テンガ ノビア

❸ Mis padres quieren que estudie español.
ミス パドレス キエレン ケ エストゥディエ エスパニョル

❹ Espero que el avión llegue a tiempo.
エスペロ ケ エル アビオン ジェゲ ア ティエンポ

❺ Es posible que llueva mañana.
エス ポシブレ ケ ジュエバ マニャナ

29 命令法

君、もっと大きな声で話しなさい。

Habla más alto.
アブラ　　マス　　アルト

これだけ

tú に対する命令は、規則活用では直説法現在3人称単数と同じ形を使います。

-ar動詞	hablar（話す）アブラル	habla アブラ
-er動詞	comer（食べる）コメル	come コメ
-ir動詞	escribir（書く）エスクリビル	escribe エスクリベ

Q 単語をヒントに作文してみよう。

❶ 君、スペイン語で話しなさい。

_____

スペイン語で
en español
エン　エスパニョル

❷ 君、たくさん食べなさい。

_____

たくさん食べる
comer mucho
コメル　　ムチョ

❸ 君、ご両親に手紙を書きなさい。

_____

〜に手紙を書く
escribir a ...
エスクリビル　ア

答えと音声を確認しよう

150

tú に対する不規則な命令

decir (言う) → di
デシル　　　　ディ

ir (行く) → ve
イル　　　　ベ

venir (来る) → ven
ベニル　　　　ベン

Ven aquí. (君、ここに来なさい)
ベン　アキ

vosotros/vosotras に対する命令

動詞原形の語末の -r を -d にします。不規則形はありません。

-ar 動詞	hablar (話す) アブラル	hablad アブラ
-er 動詞	comer (食べる) コメル	comed コメ
-ir 動詞	escribir (書く) エスクリビル	escribid エスクリビ

Comed mucho. (君たち、たくさん食べなさい)
コメ　　ムチョ

A

❶ Habla en español.
　アブラ　エン　エスパニョル

❷ Come mucho.
　コメ　ムチョ

❸ Escribe a tus padres.
　エスクリベ　ア　トゥス　パドレス

まとめ

❶ tú に対する命令は、規則活用では直説法現在3人称単数と同じ形を使う。
hablar（話す）→habla, comer（食べる）→come, escribir（書く）→escribe

❷ 不規則な命令：
decir（言う）→di, ir（行く）→ve, venir（来る）→ven

❸ vosotros/vosotras に対する命令は、動詞原形の語末の -r を -d にする。
hablar（話す）→hablad, comer（食べる）→comed, escribir（書く）→escribid

Q 単語をヒントに作文してみよう。

❶ 君たち、水をたくさん飲みなさい。
　たくさんの水　　飲む
　mucha agua, beber
　ムチャ　　アグア　　ベベル

❷ 君たち、すぐに来なさい。
　すぐに　　　来る
　en seguida, venir
　エン セギダ　　ベニル

❸ 君、本当のことを言いなさい。
　本当のこと　　言う
　la verdad, decir
　ラ　ベルダ　　デシル

❹ 君、窓を開けなさい。
　窓　　　　　開ける
　la ventana, abrir
　ラ　ベンタナ　　アブリル

❺ 君、ドアを閉めなさい。
　ドア　　閉める
　la puerta, cerrar（語幹母音変化動詞 e→ie）
　ラ プエルタ　セラル

答えと音声を確認しよう

+α 命令法でほかに覚えておきたいこと

① ほかの人称に対する命令や、否定命令には接続法現在を使います。

Hable más despacio, por favor. (ustedに対して)
アブレ　マス　デスパシオ　ポル　ファボル
(あなた、もっとゆっくり話してください)

No **comas** tanto. (君、そんなに食べるな)
ノ　コマス　タント

② 目的語の代名詞と再帰代名詞

肯定命令では動詞の後ろにくっつけて1語とし、否定命令では動詞の前に置きます。

Lláma**me** esta noche. (君、今夜私に電話して)
ジャマメ　エスタ　ノチェ

No **me** llames esta noche. (君、今夜私に電話しないで)
ノ　メ　ジャメス　エスタ　ノチェ

＊再帰動詞1人称複数の肯定命令（「〜しましょう」の意味）では、語尾-sを取って＋nos、2人称複数の肯定命令では語尾-dを取って＋os。

Sentémonos en la primera fila.
＊センテモノス　エン　ラ　プリメラ　フィラ
(← sentemos + nos)（1列目に座ろう）

Sentaos en la primera fila.
センタオス　エン　ラ　プリメラ　フィラ
(← sentad + os)（君たち、1列目に座りなさい）

A

❶ Bebed mucha agua.
ベベ　ムチャ　アグァ

❷ Venid en seguida.
ベニ　エン　セギダ

❸ Di la verdad.
ディ　ラ　ベルダ

❹ Abre la ventana.
アブレ　ラ　ベンタナ

❺ Cierra la puerta.
シエラ　ラ　プエルタ

30 接続法過去

君がパーティーに来ないのが残念だった。
Sentí que no vinieras a la fiesta.
センティ ケ ノ ビニエラス ア ラ フィエスタ

これだけ

接続法過去は、接続法が要求される従属節の中で、主動詞が過去や過去未来の場合などに使います。すべての動詞で、直説法点過去3人称複数の語尾-ronを取って、接続法過去の語尾-ra, -ras, -ra, -ramos, -rais, -ran (-ra形)をつけます。

-ar動詞の接続法過去

hablarの点過去hablaronから-ronを取る→habla- +接続法過去の語尾
アブラル　　　　　　　　　アブラロン

habla**ra**, habla**ras**, habla**ra**, hablá**ramos**, habla**rais**, habla**ran**
アブララ　アブララス　アブララ　アブララモス　アブラライス　アブラ랑

El médico me dijo que dejara de beber.
エル メディコ メ ディホ ケ デハラ デ ベベル
（医者は私に酒を止めるようにと言った）

Q　かっこの中の動詞を適切な形にしてみよう。

❶ ファンが間に合うとは思っていなかった。
　Dudaba que Juan (llegar) a tiempo.
　ドゥダバ ケ ファン ジェガル ア ティエンポ

❷ マリオが賞を取れないのは残念だった。
　Fue una pena que Mario no (ganar) el premio.
　フエ ウナ ペナ ケ マリオ ノ ガナル エル プレミオ

> 残念だ　　　　　賞を取る
> ser una pena que +接続法, ganar el premio
> セル ウナ ペナ ケ　　　　ガナル エル プレミオ

❸ 私は息子が一生懸命勉強しているとは思っていなかった。
　No creía que mi niño (estudiar) mucho.
　ノ クレイア ケ ミ ニニョ エストゥディアル ムチョ

答えと音声を確認しよう

-er動詞、-ir動詞

comer の点過去3人称複数 comieron → comie- ＋接続法過去の語尾
コメル　　　　　　　　　　　コミエロン

comiera, comieras, comiera, comiéramos, comierais, comieran
コミエラ　コミエラス　コミエラ　コミエラモス　コミエライス　コミエラン

vivir の点過去3人称複数 vivieron → vivie- ＋接続法過去の語尾
ビビル　　　　　　　　　　　ビビエロン

viviera, vivieras, viviera, viviéramos, vivierais, vivieran
ビビエラ　ビビエラス　ビビエラ　ビビエラモス　ビビエライス　ビビエラン

点過去の活用が不規則な動詞

estar: estuvieron (点過去3人称複数) → estuvie- ＋接続法過去の語尾
エスタル　エストゥビエロン

estuviera, estuvieras, estuviera, estuviéramos, estuvierais, estuvieran
エストゥビエラ　エストゥビエラス　エストゥビエラ　エストゥビエラモス　エストゥビエライス　エストゥビエラン

ser, ir: fueron (点過去3人称複数) → fue- ＋接続法過去の語尾
セル　イル　フエロン

fuera, fueras, fuera, fuéramos, fuerais, fueran
フエラ　フエラス　フエラ　フエラモス　フエライス　フエラン

querer: quisieron (点過去3人称複数) → quisie- ＋接続法過去の語尾
ケレル　　　キシエロン

quisiera, quisieras, quisiera, quisiéramos, quisierais, quisieran
キシエラ　キシエラス　キシエラ　キシエラモス　キシエライス　キシエラン

＊直説法点過去の活用を覚えておけば接続法過去の活用は簡単。

A
① llegara
　ジェガラ
② ganara
　ガナラ
③ estudiara
　エストゥディアラ

まとめ

❶ 直説法点過去3人称複数の語尾 -ron を取って、接続法過去の語尾 -ra, -ras, -ra, -ramos, -rais, -ran (-ra形) をつける。
-ar動詞：hablar (hablara, hablaras, hablara, habláramos, hablarais, hablaran)

❷ -er/-ir動詞：comer (comiera, comieras, comiera, comiéramos, comierais, comieran)、vivir (viviera, vivieras, viviera, viviéramos, vivierais, vivieran)

❸ 不規則活用
estar: estuvieron (点過去3人称複数)→estuvie- + 接続法過去の語尾
ser, ir: fueron (点過去3人称複数)→fue- + 接続法過去の語尾
querer: quisieron (点過去3人称複数)→quisie- + 接続法過去の語尾

Q 単語をヒントに作文してみよう。（主動詞は直説法線過去に活用）

❶ 私たちは君にここにいてほしかった。

〜してほしい
querer que + 接続法
ケレル ケ

❷ 私はマリオに恋人がいるとは思わなかった。

恋人がいる 〜とは思わない
tener novia, no creer que + 接続法
テネル ノビア ノ クレエル ケ

❸ 両親は私にスペイン語を勉強してほしいと思っていた。

❹ 彼は間に合わないかもしれなかった。

間に合う 〜かもしれない
llegar a tiempo, ser posible que + 接続法
ジェガル ア ティエンポ セル ポシブレ ケ

❺ 私は飛行機が定刻に到着することを願っていた。

飛行機 〜することを願う
el avión, esperar que + 接続法
エル アビオン エスペラル ケ

答えと音声を確認しよう

+α 婉曲表現

quererの接続法過去は婉曲表現で使います。
ケレル

Quisiera hablar con el Dr. Martínez.
キシエラ　アブラル　コン　エル　ドクトル　マルティネス
(マルティネス先生とお話したいのですが)

A

❶ Queríamos que estuvieras aquí.
ケリアモス　ケ　エストゥビエラス　アキ

❷ No creía que Mario tuviera novia.
ノ　クレイア　ケ　マリオ　トゥビエラ　ノビア

❸ Mis padres querían que estudiara español.
ミス　パドレス　ケリアン　ケ　エストゥディアラ　エスパニョル

❹ Era posible que no llegara a tiempo.
エラ　ポシブレ　ケ　ノ　ジェガラ　ア　ティエンポ

❺ Esperaba que el avión llegara a tiempo.
エスペラバ　ケ　エル　アビオン　ジェガラ　ア　ティエンポ

まとめのドリル6

1 動詞を活用してみよう。

① Mañana tienes examen. (　　　) mucho.　　　[estudiar]
明日、試験があります。君、たくさん勉強しなさい

② No os entiendo nada. (　　　) más despacio.　[hablar]
君たちの言っていることがわかりません。もっとゆっくり話しなさい。

③ (　　　) la verdad.　　　　　　　　　　　　[decir]
君、本当のことを言いなさい。

2 動詞を線過去か未来にしてみよう。

① De pequeña, (　　　) en un pueblo de Toledo.　[vivir]
子どものころ、私はトレドのある村に住んでいました。

② (　　　) en España en futuro.　　　　　　　　[vivir]
私は将来スペインに住むつもりです。

③ Mañana (　　　).　　　　　　　　　　　　　[llover]
明日は雨が降るでしょう。

④ No salí porque (　　　) mucho.　　　　　　　[llover]
雨がかなり降っていたので、私は出かけなかった。

⑤ Entonces Sofía (　　　) veinte años.　　　　　[tener]
当時、ソフィアは20歳だった。

⑥ Sofía (　　　) veinte años más o menos.　　　[tener]
ソフィアは20歳くらいだろう。

3 動詞を接続法現在か接続法過去にしてみよう。

1. No creemos que Juan (　　　) tarde.　　　[llegar]
   ファンが遅刻するとは思っていません。
2. No creíamos que Juan (　　　) tarde.　　　[llegar]
   ファンが遅刻するとは思っていなかった。
3. Quiero que (　　　) español.　　　[estudiar]
   私は君たちにスペイン語を勉強してほしい。
4. Quería que (　　　) español.　　　[estudiar]
   私は君たちにスペイン語を勉強してほしかった。
5. Es una lástima que no (　　　) aquí.　　　[estar]
   君がここにいないのは残念だ。
6. Fue una lástima que no (　　　) en la ceremonia.　　　[estar]
   君が式典にいないのは残念だった。

こたえ

1
1. Mañana tienes examen. <u>Estudia</u> mucho.
2. No os entiendo nada. <u>Hablad</u> más despacio.
3. <u>Di</u> la verdad.

2
1. De pequeña, <u>vivía</u> en un pueblo de Toledo.
2. <u>Viviré</u> en España en futuro.
3. Mañana <u>lloverá</u> .
4. No salí porque <u>llovía</u> mucho.
5. Entonces Sofía <u>tenía</u> veinte años.
6. Sofía <u>tendrá</u> veinte años más o menos.

3
1. No creemos que Juan <u>llegue</u> tarde.
2. No creíamos que Juan <u>llegara</u> tarde.
3. Quiero que <u>estudiéis</u> español.
4. Quería que <u>estudiarais</u> español.
5. Es una lástima que no <u>estés</u> aquí.
6. Fue una lástima que no <u>estuvieras</u> en la ceremonia.

祭事

コラム6

　セマナ・サンタは、復活祭（イースター：キリストが死んで3日目に復活したことを祝う日）に先立つ1週間を指します。カトリックでは、キリストの受難や死を含め、復活に至るまでが重要です。この1週間、毎日キリスト像とマリア像を抱いた大きな山車が出て、それを数十人の男たちが担ぎます。また、巡礼者を表すナサレノやペニテンテと呼ばれる、目の部分だけを開けた長い三角帽子をかぶり、足先まで全身を覆うマントのような衣装を身につけた多くの人たちが山車とともに行進する様子は、カトリック教徒でない人たちにも強烈な印象を与えます。

　復活祭は「春分の後の、最初の満月の次の日曜日」となっているので、セマナ・サンタの時期もそれに合わせて異なります。だいたい3月末から4月半ばの間の1週間です。

　日本でも、お彼岸のおはぎなど祭事に食べるお菓子がありますが、セマナ・サンタにもあります。フレンチトーストのようなtorrijaやbuñueloと呼ばれる揚げ菓子がそれにあたりますし、ほかにも殻つきの卵と一緒に焼いたパンなどを食べる地域もあります。

　このように書くと、「厳かな宗教的な行事」と思われるかもしれませんが、実際には学校も会社も休みになるので、旅行に出かけたり、行列を見た後は朝まで飲み歩いて大騒ぎをしたり、とにかく休みを楽しみます。

　厳粛な雰囲気と陽気な雰囲気、どちらも楽しめるこの時期ですが、問題は地域によって休みの日が異なることです。セマナ・サンタの間、金曜日は国の祝日なのですが、木曜日は休みではない自治州もあります。留学当時、国の祝日は携帯電話の料金が通常の10％程度でした。そこで、セマナ・サンタの木曜日、うっかり家の電話ではなく携帯で友人に電話をしました。1時間近く話した後に電話を切り、ふと「あれ？　今日は国の祝日だったかな？」と不安になり、電話会社に聞いてみると、「まあ、お気の毒！　今日は国の祝日じゃないの。だから電話代は通常料金よ」と言われ、2、3時間立ち直れませんでした。

付録

基本単語

A

a ［方向］〜へ、［時刻］〜時に
abogado, da 弁護士
abrigo m コート、オーバー
abril m 4月
abrir 開く、開ける
abuelo, la m 祖父 f 祖母
　　　　　 pl 祖父母
acostarse 寝る
adónde どこに
aduana f 税関
agosto m 8月
agua f 水
ahí そこに
ahora 今
aire m 空気
alegre 陽気な
Alemania ドイツ
algodón m 綿
allí あそこに
alquilar 貸す、借りる（お金が介在）
alto, ta ［背などが］高い
amable 親切な
amanecer 夜が明ける
amigo, ga 友達
anillo m 指輪
animal m 動物
anoche 昨晩
anochecer 日が暮れる
año m 歳、年
antes （時間）〜の前に
aplicado, da 勤勉な、勉強熱心な
aquel, lla あの、あれ
aquello あれ、あのこと
aquí ここに、ここで
arroz m 米
aspirina f アスピリン
asunto m こと、事柄
aula f 教室
autor, ra 作家
AVE m スペインの新幹線
avión m 飛行機
ayer 昨日
ayudar 助ける
ayudarse 助け合う

B

bailar 踊る
bajo, ja 背が低い
banco m 銀行
bar m バル
Barcelona バルセロナ
beber 飲む
beberse 飲み干す
biblioteca f 図書館
bien 上手く
blanco, ca 白い
bolígrafo m ボールペン
bonito, ta かわいい、すてきな
botella f ボトル
bueno, na 良い
buscar 探す

C

cabeza f 頭
café m コーヒー
café con leche カフェオレ
calor 暑さ

camisa f シャツ
camiseta f Tシャツ
caña f 生ビール
cansado,da 疲れた
cantar 歌う
capital f 首都
caramelo m あめ
cariño ［恋人、夫婦間の呼びかけ］あなた、おまえ
caro, ra ［値段が］高い
casa f 家
católico, ca カトリックの
catorce 14
cena f 夕食
centro 中心
cerca 近くに
ceremonia f 式典
cero 0
cerrar 閉まる、閉める
chal m ショール
chaqueta f ジャケット
chico, ca 子ども、青年、男の子、女の子
chileno, na チリ人
chino, na 中国人
chocolate m チョコレート
chubasco m にわか雨
cinco 5
cine m 映画、映画館
ciudad f 市、町
clase f 授業、クラス
coche m 車
cocina f 台所
cocinar 料理する
comer 食べる
comerse 食べてしまう
cómo どのように
compañero, ra 仲間
compañero, ra de trabajo 職場の同僚

compra f 買物
comprar 買う
con ［同伴］〜と一緒に
    ［道具・手段］〜で、〜を使って
concierto m コンサート
conducir 運転する
conferencia f 講演
conocer ［体験的に］知っている
conocido, da 有名な
contar 話す、数える
copa f グラス
Córdoba コルドバ
correr 走る
creer 思う、信じる
cuál どれ
cuando 〜するとき
cuándo いつ
cuánto いくつ
cuatro 4
Cuba キューバ
cumpleaños m 誕生日（単複同形）
cumplir 〜歳になる

D

dar 与える
de ［方向］〜から、［所有］〜の、
    ［材料］〜製の
deberes m 宿題
decir 言う
dejar 残す、貸す
demasiado, da 過度に、過度の
dentro de poco 近いうちに
derecho m 法律
desayunar 朝食をとる
despacio ゆっくり
despertarse 目を覚ます
después 後で
día m 日、1日
diciembre m 12月

diez 10
difícil 難しい
dinero m お金
dirección f 住所
director, ra 校長、長
doce 12
documento m 書類
doler 痛む
domingo m 日曜日
dónde どこ
dormir 眠る
dos 2
dudar 疑う
dulce m お菓子

E

edificio m 建物
email m メール
empezar 始まる、始める
en ［場所］〜の中に、［年、月、季節］〜に、［交通手段］〜で
enero m 1月
entender わかる
entero, ra 全部の
entonces 当時
entregar 渡す
escondite m 隠れん坊
escribir 書く
ese, sa その、それ
eso それ、そのこと
España スペイン
español, la スペイン人（の）、スペインの、(m) スペイン語
esperar 待つ、望む
estación f 駅
este, ta この、これ
esto これ、このこと
estudiante m f 学生
estudiar 勉強する
estudio m 勉強
euro m ユーロ
examen m 試験

F

facultad f 学部
falda f スカート
faltar 不足している
familia f 家族
febrero m 2月
fiesta f パーティー
fila f 列
fin de semana 週末
flor f 花
freír 揚げる
fresco m 涼しさ
frío m 寒さ
fútbol m サッカー
futbolista m f サッカー選手
futuro m 未来

G

gafas f pl 眼鏡
ganar ［努力によって］獲得する
gato, ta 猫
generalmente 普通、一般的に
gente f 人々
girasol m ひまわり
gracias ありがとう
grande 大きい
guapo, pa 美しい、すてきな
guitarra f ギター
gustar 好き

H

hablar 話す
hacer する、つくる
hambre f 空腹
hasta 〜まで

hermano, na m 兄、弟 f 姉、妹
hijo, ja 息子、娘
hora f 時間
hospital m 病院
hotel m ホテル
hoy 今日

I

iglesia f 教会
importante 重要な
inglés, sa イギリス、英語の、
　　イギリス人（の）、（m） 英語
interesante おもしろい
internet f インターネット
invierno m 冬
ir 行く

J

jabalí m いのしし
Japón 日本
japonés, japonesa 日本(人、語の)の、
　　日本人、（m） 日本語
jefe, fa 上司
juego m ゲーム、遊び
jueves m 木曜日
jugar ［スポーツを］する、競技する、
　　〜して遊ぶ
julio m 7月
junio m 6月
junto すぐ近くに、一緒に

L

lápiz m 鉛筆
largo, ga 長い
lástima 残念
leer 読む
lejos 遠く（に）
lengua f 言語、舌
levantar 起こす

levantarse 起きる
libertad f 自由
libra f ポンド
libro m 本
llamar 電話する、呼ぶ
llamarse 〜という名前である
llave f 鍵
llegar 着く
llegar a casa 帰宅する
llegar tarde 遅刻する
llover 雨が降る
lluvia f 雨
luna f 月
lunes m 月曜日

M

maceta f 植木鉢
madre f 母
Madrid マドリッド
mal 下手に、悪く
Málaga マラガ
malo, la 悪い
mamá f ママ
mañana f 朝、午前
mañana 明日
marido m 夫
martes m 火曜日
marzo m 3月
más o menos だいたい
mayo m 5月
mayor 年上の
medicina f 医学
médico, ca 医者
medio 半分、真ん中
mejor より良い
menor 年下の
mesa f 机、テーブル、食卓
metro m 地下鉄
mexicano, na メキシコ（人）の、

メキシコ人
México メキシコ
mientras ～する間
miércoles m 水曜日
minuto m 分
modelo m 機種
montaña f 山
morir 死ぬ
moto f バイク
móvil m 携帯電話
mucho, cha たくさんの
mujer f 女性、妻
museo m 美術館、博物館
música f 音楽
mutuamente お互いに
muy とても

N

negro, ra 黒い
nevar 雪が降る
nieve f 雪
niño, ña 子ども、息子、娘
noche f 夜
norte m 北
noticia f ニュース
novela f 小説
noviembre m 11月
novio, via 恋人
nublado, da 曇った
nueve 9
número m 番号

O

o それとも (o-,ho- で始まる語の前で u)
obra f 作品
ocho 8
octubre m 10月
oficina f 事務所、仕事場
oficina de turismo 観光案内所

once 11
ordenador m パソコン
otoño m 秋

P

padre m 父
padres m pl 両親、父親たち、父母たち
paella f パエリア
palacio m 宮殿
palillos m pl 箸
pañuelo m スカーフ、ハンカチ
papá m パパ
para [目的]～のために
parada f 乗り場
parque m 公園
partido m 試合
pasado mañana 明後日
pasar [取って]渡す、通る、過ごす
pastel m ケーキ
pastelería f ケーキ店
patatas fritas pl フライドポテト
pedir 頼む
película f 映画
pequeño, na 小さい
periódico m 新聞
pero でも
perro, rra 犬
pianista m f ピアニスト
pie m 足
pincho m つまみ
playa f 浜辺、海水浴場
plaza f 広場
pobre 貧しい、気の毒な
poder ～できる
poner 置く、(テレビを)つける
ponerse 着る
por [理由]～ゆえに、
　　　[空間・時間]～の辺りに
porque ～だから

posible　かもしれない、可能な
preferir　好む
premio m　賞
preparar　準備をする
primavera f　春
primero, ra　1番目の
probar　試す
problema m　問題
profesor, ra　先生
pueblo m　村、町
puerta f　ドア

Q

qué　何
querer　愛している、〜したい、〜が欲しい
queso m　チーズ
quién　誰
quince　15
quiosco m　売店
quitarse　脱ぐ

R

radio f　ラジオ
rápido, da　速い
rato m f　短い時間
regalo m　プレゼント
región f　地域
reloj m　時計
repetir　繰り返す
restaurante m　レストラン
revista f　雑誌
rey m　国王
rico, ca　おいしい、金持ちの
rojo, ja　赤い
romper　壊す
rosa f　バラ
ruido m　物音

S

sábado m　土曜日
saber　[知識・情報として] 知っている
sal f　塩
salir　出る、外出する
sed f　喉の渇き
seda f　絹
seguido　すぐに
seguir　続く
seguro, ra　確かな、安全な
seis　6
semana pasada　先週
semanal　週の
señor, ra　男性、女性
sentarse　座る
sentir　感じる、残念に思う、遺憾に思う
septiembre m　9月
serie f　ドラマ
serio, ria　まじめな
siempre　いつも
siete　7
sitio m　場所
sobre　〜（時）ころ、〜の上に
sol m　太陽
soler　よく〜する
solo, la　ひとりで
sueño m　眠気

T

también　〜もまた、〜だ
tanto, ta　多く〜と同じくらい多くの
tarde f　午後
tarde　遅く
tarta f　ケーキ
teatro m　劇場
tele(visión) f　テレビ
teléfono m　電話
temprano　早い時間に
tener　持つ

tenis m テニス
terror m ホラー、恐怖
tiempo m 時間、天気
tienda f 店
tinto m 赤ワイン
todavía まだ（〜ない）
todo, da すべての
todos los días 毎日
Tokio 東京
Toledo トレド
tomar 飲む、取る
tortilla f スペイン風オムレツ
total 全部の
trabajador, ra 労働者、働き者の
trabajar 働く
trece 13
tren m 電車
tres 3

U

último, ma 最新の、最後の
universidad f 大学
uno, una 1

V

Valencia バレンシア
veinte 20
venir 来る
ventana f 窓
ver 見る
verano m 夏
verdad f 真実、本当のこと
vestido m ワンピース、衣服
vez f 回
viajar 旅行する
vida f 人生、生活、命
viento m 風
viernes m 金曜日
vino m ワイン

visitar 訪れる
vivir 生きる、住む
volver 戻る、帰る

Y

y 〜と〜 (i-, hi- の前で e となる)

Z

zapato(s) m 靴
zona f 地域
zumo m ジュース
zumo de naranja オレンジジュース

重要動詞活用表

	現在	点過去	線過去	未来
ser です			過去分詞 sido	現在分詞 siendo
yo	soy	fui	era	seré
tú	eres	fuiste	eras	serás
usted, él/ella	es	fue	era	será
nosotros/nosotras	somos	fuimos	éramos	seremos
vosotros/vosotras	sois	fuisteis	erais	seréis
ustedes, ellos/ellas	son	fueron	eran	serán
estar です、ある、いる			過去分詞 estado	現在分詞 estando
yo	estoy	estuve	estaba	estaré
tú	estás	estuviste	estabas	estarás
usted, él/ella	está	estuvo	estaba	estará
nosotros/nosotras	estamos	estuvimos	estábamos	estaremos
vosotros/vosotras	estáis	estuvisteis	estabais	estaréis
ustedes, ellos/ellas	están	estuvieron	estaban	estarán

規則動詞

	現在	点過去	線過去	未来
hablar 話す			過去分詞 hablado	現在分詞 hablando
yo	hablo	hablé	hablaba	hablaré
tú	hablas	hablaste	hablabas	hablarás
usted, él/ella	habla	habló	hablaba	hablará
nosotros/nosotras	hablamos	hablamos	hablábamos	hablaremos
vosotros/vosotras	habláis	hablasteis	hablabais	hablaréis
ustedes, ellos/ellas	hablan	hablaron	hablaban	hablarán
comer 食べる			過去分詞 comido	現在分詞 comiendo
yo	como	comí	comía	comeré
tú	comes	comiste	comías	comerás
usted, él/ella	come	comió	comía	comerá
nosotros/nosotras	comemos	comimos	comíamos	comeremos
vosotros/vosotras	coméis	comisteis	comíais	comeréis
ustedes, ellos/ellas	comen	comieron	comían	comerán
vivir 住む			過去分詞 vivido	現在分詞 viviendo
yo	vivo	viví	vivía	viviré
tú	vives	viviste	vivías	vivirás
usted, él/ella	vive	vivió	vivía	vivirá
nosotros/nosotras	vivimos	vivimos	vivíamos	viviremos
vosotros/vosotras	vivís	vivisteis	vivíais	viviréis
ustedes, ellos/ellas	viven	vivieron	vivían	vivirán

	現在	点過去	線過去	未来
不規則な動詞				

salir 出る、出かける
過去分詞 salido　現在分詞 saliendo

	現在	点過去	線過去	未来
yo	salgo	salí	salía	saldré
tú	sales	saliste	salías	saldrás
usted, él/ella	sale	salió	salía	saldrá
nosotros/nosotras	salimos	salimos	salíamos	saldremos
vosotros/vosotras	salís	salisteis	salíais	saldréis
ustedes, ellos/ellas	salen	salieron	salían	saldrán

poner 置く
過去分詞 puesto　現在分詞 poniendo

	現在	点過去	線過去	未来
yo	pongo	puse	ponía	pondré
tú	pones	pusiste	ponías	pondrás
usted, él/ella	pone	puso	ponía	pondrá
nosotros/nosotras	ponemos	pusimos	poníamos	pondremos
vosotros/vosotras	ponéis	pusisteis	poníais	pondréis
ustedes, ellos/ellas	ponen	pusieron	ponían	pondrán

conducir 運転する
過去分詞 conducido　現在分詞 conduciendo

	現在	点過去	線過去	未来
yo	conduzco	conduje	conducía	conduciré
tú	conduces	condujiste	conducías	conducirás
usted, él/ella	conduce	condujo	conducía	conducirá
nosotros/nosotras	conducimos	condujimos	conducíamos	conduciremos
vosotros/vosotras	conducís	condujisteis	conducíais	conduciréis
ustedes, ellos/ellas	conducen	condujeron	conducían	conducirán

conocer （体験的に）知っている
過去分詞 conocido　現在分詞 conociendo

	現在	点過去	線過去	未来
yo	conozco	conocí	conocía	conoceré
tú	conoces	conociste	conocías	conocerás
usted, él/ella	conoce	conoció	conocía	conocerá
nosotros/nosotras	conocemos	conocimos	conocíamos	conoceremos
vosotros/vosotras	conocéis	conocisteis	conocíais	conoceréis
ustedes, ellos/ellas	conocen	conocieron	conocían	conocerán

saber （知識・情報として）知っている
過去分詞 sabido　現在分詞 sabiendo

	現在	点過去	線過去	未来
yo	sé	supe	sabía	sabré
tú	sabes	supiste	sabías	sabrás
usted, él/ella	sabe	supo	sabía	sabrá
nosotros/nosotras	sabemos	supimos	sabíamos	sabremos
vosotros/vosotras	sabéis	supisteis	sabíais	sabréis
ustedes, ellos/ellas	saben	supieron	sabían	sabrán

	現在	点過去	線過去	未来

不規則な動詞

dar 与える　　　過去分詞 dado　現在分詞 dando

	現在	点過去	線過去	未来
yo	doy	di	daba	daré
tú	das	diste	dabas	darás
usted, él/ella	da	dio	daba	dará
nosotros/nosotras	damos	dimos	dábamos	daremos
vosotros/vosotras	dais	disteis	dabais	daréis
ustedes, ellos/ellas	dan	dieron	daban	darán

ver 見る　　　過去分詞 visto　現在分詞 viendo

	現在	点過去	線過去	未来
yo	veo	vi	veía	veré
tú	ves	viste	veías	verás
usted, él/ella	ve	vio	veía	verá
nosotros/nosotras	vemos	vimos	veíamos	veremos
vosotros/vosotras	veis	visteis	veíais	veréis
ustedes, ellos/ellas	ven	vieron	veían	verán

querer 愛している、〜したい、欲しい　　　過去分詞 querido　現在分詞 queriendo

	現在	点過去	線過去	未来
yo	quiero	quise	quería	querré
tú	quieres	quisiste	querías	querrás
usted, él/ella	quiere	quiso	quería	querrá
nosotros/nosotras	queremos	quisimos	queríamos	querremos
vosotros/vosotras	queréis	quisisteis	queríais	querréis
ustedes, ellos/ellas	quieren	quisieron	querían	querrán

poder 〜できる　　　過去分詞 podido　現在分詞 pudiendo

	現在	点過去	線過去	未来
yo	puedo	pude	podía	podré
tú	puedes	pudiste	podías	podrás
usted, él/ella	puede	pudo	podía	podrá
nosotros/nosotras	podemos	pudimos	podíamos	podremos
vosotros/vosotras	podéis	pudisteis	podíais	podréis
ustedes, ellos/ellas	pueden	pudieron	podían	podrán

pedir 頼む　　　過去分詞 pedido　現在分詞 pidiendo

	現在	点過去	線過去	未来
yo	pido	pedí	pedía	pediré
tú	pides	pediste	pedías	pedirás
usted, él/ella	pide	pidió	pedía	pedirá
nosotros/nosotras	pedimos	pedimos	pedíamos	pediremos
vosotros/vosotras	pedís	pedisteis	pedíais	pediréis
ustedes, ellos/ellas	piden	pidieron	pedían	pedirán

	現在	点過去	線過去	未来
不規則な動詞				
tener 持つ			過去分詞 tenido	現在分詞 teniendo
yo	tengo	tuve	tenía	tendré
tú	tienes	tuviste	tenías	tendrás
usted, él/ella	tiene	tuvo	tenía	tendrá
nosotros/nosotras	tenemos	tuvimos	teníamos	tendremos
vosotros/vosotras	tenéis	tuvisteis	teníais	tendréis
ustedes, ellos/ellas	tienen	tuvieron	tenían	tendrán
ir 行く			過去分詞 ido	現在分詞 yendo
yo	voy	fui	iba	iré
tú	vas	fuiste	ibas	irás
usted, él/ella	va	fue	iba	irá
nosotros/nosotras	vamos	fuimos	íbamos	iremos
vosotros/vosotras	vais	fuisteis	ibais	iréis
ustedes, ellos/ellas	van	fueron	iban	irán
oír 聞く			過去分詞 oído	現在分詞 oyendo
yo	oigo	oí	oía	oiré
tú	oyes	oíste	oías	oirás
usted, él/ella	oye	oyó	oía	oirá
nosotros/nosotras	oímos	oímos	oíamos	oiremos
vosotros/vosotras	oís	oísteis	oíais	oiréis
ustedes, ellos/ellas	oyen	oyeron	oían	oirán
haber ある、完了形をつくる動詞			過去分詞 habido	現在分詞 habiendo
yo	he	hube	había	habré
tú	has	hubiste	habías	habrás
usted, él/ella	ha, hay	hubo	había	habrá
nosotros/nosotras	hemos	hubimos	habíamos	habremos
vosotros/vosotras	habéis	hubisteis	habíais	habréis
ustedes, ellos/ellas	han	hubieron	habían	habrán

さぼった日も忙しい日もチラ見するだけ
おさぼりカード

1　つづりと発音

❶ スペイン語のアルファベットは、27文字。ñ「エニェ」。

❷ 基本的にローマ字読み。

❸ d, j は語末ではほとんど無音。ce, ci と z は英語の th の音。
ge, gi と j は強いハ行、ll はジャ (リャ、ヤ) 行の音。
h は無音。y＋母音はジャ (ヤ) 行、単独や語末ではイ。

2　名詞の性と数

❶ -o で終わる多くの名詞は男性名詞、-a で終わる多くの名詞は女性名詞。

❷ -ción, -sión, -tión, -dad, -tad で終わる名詞は女性名詞。

❸ 複数形：母音で終わる名詞は -s をつけ、子音で終わる名詞は -es をつける。

3　定冠詞と不定冠詞

❶ 不定冠詞：男性単数 un, 女性単数 una, 男性複数 unos, 女性複数 unas

❷ 定冠詞：男性単数 el, 女性単数 la, 男性複数 los, 女性複数 las

❸ 不定冠詞の複数形は、数字の前に来ると「約〜」に。

❹ アクセントのある a で始まる女性名詞単数に定冠詞をつける場合、la ではなく el を使う。

持ち歩きに便利な PDF も三修社のホームページで公開しています。
http://www.sanshusha.co.jp/

4 主語とser

❶ 主語の代名詞：yo（私は）、tú（君は）、usted（あなたは）、él（彼は）/ella（彼女は）、nosotros/nosotras（私たちは）、vosotros/vosotras（君たちは）、ustedes（あなた方は）、ellos（彼らは）/ellas（彼女らは）

❷ 男性の複数形は、男性のみの場合と、男性と女性が混ざっている場合がある。

❸ 動詞の活用や文脈から判断できる場合、主語の代名詞はふつう省略される。

5 形容詞の性と数

❶ ①-oで終わる形容詞

男性単数	男性複数	女性単数	女性複数
-o	-os	-a	-as

❷ 修飾する名詞が複数の場合、-o以外の母音で終わる形容詞には-sをつけ、子音で終わる形容詞には、-esをつける。

❸ 形容詞は、ふつう名詞の後に置く。

6 疑問文と否定文

❶ 疑問文は平叙文を¿　?で囲む。

❷ 否定文は動詞の前にnoを置く。

❸ 疑問文の答えは、sí（はい）、no（いいえ）。

❹ 疑問文は「動詞＋主語」の語順にもできる。

7 指示詞

❶ este (この) は、指す名詞の性数によって変わる。

	男性単数	男性複数	女性単数	女性複数
este	este	estos	esta	estas

❷ ese (その)、aquel (あの) は、指す名詞の性数によって変わる。

	男性単数	男性複数	女性単数	女性複数
ese	ese	esos	esa	esas
aquel	aquel	aquellos	aquella	aquellas

❸ 指示代名詞：este (これ)、ese (それ)、aquel (あれ)。

8 所有詞

❶
名詞の性数	単数	複数
私の	mi	mis
君の	tu	tus
あなた・彼・彼女の あなた方・彼ら・彼女らの	su	sus

❷
名詞の性数	男性単数	女性単数	男性複数	女性複数
私たちの	nuestro	nuestra	nuestros	nuestras
君たちの	vuestro	vuestra	vuestros	vuestras

❸ 「私たちの」「君たちの」は、名詞の後ろにも置くことができる。

9 数詞

❶ 0 cero、1 uno、2 dos、3 tres、4 cuatro、5 cinco、6 seis、7 siete、8 ocho、9 nueve、10 diez、11 once、12 doce、13 trece、14 catorce、15 quince

❷ 16〜19：dieci- + 1の位、20 veinte。
21〜29：veinti- + 1の位。

❸ 30 treinta、40 cuarenta、50 cincuenta、60 sesenta、70 setenta、80 ochenta、90 noventa、100 cien

❹ 30〜99：10の位 + y + 1の位。

❺ 数詞 + 名詞の場合、1の位が1なら、名詞の性に合わせて un, una。

10 estar と hay と ser

❶
yo	**estoy**	nosotros/nosotras	**estamos**
tú	**estás**	vosotros/vosotras	**estáis**
usted, él/ella	**está**	ustedes, ellos/ellas	**están**

❷ hay：特定できない人や物がいる、ある。

❸ estar は話し手も聞き手も特定できる人や物がどこにいるのか、あるのかを示すときに使う。hay にはこの共通認識がない。

11 規則動詞の直説法現在

❶ 「私・君は〜します」：動詞の語尾 -ar, -er, -ir を取り、主語に合わせた直説法現在の語尾をつける。ふつう主語は省略。

❷ -ar 動詞：hablar（話す）
hablo, hablas, habla, hablamos, habláis, hablan

❸ -er 動詞：comer（食べる、昼食をとる）
como, comes, come, comemos, coméis, comen

❹ -ir 動詞：vivir（生きる、住む）
vivo, vives, vive, vivimos, vivís, viven

12 1人称単数が不規則な動詞

❶ 主語が yo のときに -go になる動詞
salir（出る、出かける）：
sal**go**, sales, sale, salimos, salís, salen

❷ 主語が yo のときに -zco になる動詞
conducir（運転する）：
condu**zco**, conduces, conduce, conducimos, conducís, conducen

❸ その他の主語が yo のときに不規則な形になる動詞
saber（(知識・情報として)知っている）：
sé, sabes, sabe, sabemos, sabéis, saben

13 語幹母音変化動詞

❶ 語幹の母音が e → ie に変わる動詞
querer（愛している、～したい、欲しい）：
quiero, quieres, quiere, queremos, queréis, quieren

❷ 語幹の母音が o → ue に変わる動詞
poder（～できる）：
puedo, puedes, puede, podemos, podéis, pueden

❸ 語幹の母音が e → i に変わる動詞(-ir 動詞のみ)
pedir（頼む）：
pido, pides, pide, pedimos, pedís, piden

14 その他の不規則動詞

❶ tener（持つ）：
tengo, tienes, tiene, tenemos, tenéis, tienen

❷ ir（行く）：voy, vas, va, vamos, vais, van

❸ oír（聞こえる）：oigo, oyes, oye, oímos, oís, oyen

15 前置詞

❶ a：（方向）～へ、（時刻）～時に
de：（方向）～から、（所有）～の、（材料）～製の
en：（場所）～の中に、（年、月、季節）～に、（交通手段）～で

❷ 前置詞 a, de+男性単数定冠詞 el → al, del

❸ con：（同伴）～と一緒に、（道具・手段）～で
por：（理由）～ゆえに、（空間・時間）～の辺りに
para：（目的）～のために

16 疑問詞を使った疑問文

❶ 疑問詞で始まる疑問文は、疑問詞＋動詞＋主語の語順に。

❷ qué（何）、quién/quiénes（誰）

❸ cuándo（いつ）、dónde（どこ）、cómo（どのように）

❹ cuánto/cuánta/cuántos/cuántas（いくつ）、
cuál/cuáles（どれ）

17 目的語の代名詞

❶ 目的語の代名詞は、活用した動詞の前に置く。
「〜に」「〜を」：1人称単数 me、1人称複数 nos、
　　　　　　　2人称単数 te、2人称複数 os

❷ 「〜に」：3人称単数 le、3人称複数 les
「〜を」：3人称単数男性 lo、3人称単数女性 la、
　　　　3人称複数男性 los、3人称複数女性 las

❸ 「間接目的語の代名詞＋直接目的語の代名詞＋活用した動詞」の語順。

18 gustar 型の動詞

❶ 好きと感じている人（me, te, le, nos, os, les）＋
gustar（好き）＋「好き」な対象（主語）の語順。

❷ 好きと感じている人を特定する場合：
A＋名詞＋le, les＋gustar（好き）＋「好き」な対象（主語）。

❸ 強調・対比：
A＋代名詞/名詞＋間接目的語の代名詞＋gustar（好き）＋「好き」な対象（主語）。

19 比較表現

❶ más＋形容詞＋que～（(主語は)～よりも…だ）

❷ tan＋形容詞＋como～（(主語は)～と同じくらい…だ）

❸ 副詞の比較表現の語順も形容詞の場合と同じ。

20 再帰動詞

❶ levantarse（起きる）：levantar（起こす）＋se（自分自身を）
me levanto, te levantas, se levanta,
nos levantamos, os levantáis, se levantan

❷ 主語が複数の場合、相互（お互いに）を表すことがある。

❸ 再帰代名詞で、「～してしまう」という強調の意味を加えたり、動詞のニュアンスを変えたりすることがある。

21 関係代名詞

❶ 関係代名詞que：先行詞が人でも事物でも、関係節内の動詞の主語でも直接目的語でもOK。

❷ 関係節が先行詞となる名詞を単に説明する場合、先行詞の後にコンマを入れる。

❸ 「関係代名詞＋動詞の原形」（～すべき）

22 天候などを表す単人称文

❶ hacerを使って天候を表す場合、動詞は3人称単数を使う。

❷ llover（雨が降る）、nevar（雪が降る）のように天候を表す動詞は、3人称単数を使う。

❸ amanecer（夜が明ける）、anochecer（日が暮れる）などの自然現象を表す動詞も3人称単数を使う。

23 過去分詞と直説法現在完了

❶ 過去分詞
-ar動詞：-ar→ado(hablar→hablado)
-er/-ir動詞：-er/-ir→ido(comer→comido/vivir→vivido)

❷ 過去分詞不規則形
decir（言う）→dicho, escribir（書く）→escrito, freír（揚げる）→frito, hacer（する、つくる）→hecho, romper（壊す）→roto, ver（見る）→visto

❸ 直説法現在完了：haberの直説法現在＋過去分詞

24 現在分詞と進行形

❶ 現在進行形：estarの直説法現在＋現在分詞

❷ 現在分詞
-ar動詞：-ar→-ando(hablar→hablando)
-er/-ir動詞：-er/-ir→-iendo(comer→comiendo/escribir→escribiendo)

❸ 現在分詞不規則形
decir（言う）→diciendo, dormir（眠る）→durmiendo, leer（読む）→leyendo, oír（聞こえる、聞く）→oyendo, ir（行く）→yendo, poder（できる）→pudiendo

25 直説法点過去

❶ -ar動詞：
hablar(hablé, hablaste, habló, hablamos, hablasteis, hablaron)

❷ -er/-ir動詞：
comer(comí, comiste, comió, comimos, comisteis, comieron)
vivir(viví, viviste, vivió, vivimos, vivisteis, vivieron

❸ 不規則活用
estar(estuve, estuviste, estuvo, estuvimos, estuvisteis, estuvieron)

26 直説法線過去

❶ -ar動詞
hablar(話す)：(hablaba, hablabas, hablaba, hablábamos, hablabais, hablaban)

❷ -er/-ir動詞
comer(食べる)：(comía, comías, comía, comíamos, comíais, comían)
vivir(住む)：(vivía, vivías, vivía, vivíamos, vivíais, vivían)

❸ 不規則活用
ir(行く)：iba, ibas, iba, íbamos, ibais, iban
ser(〜です)：era, eras, era, éramos, erais, eran
ver(見る)：veía, veías, veía, veíamos, veíais, veían

27 直説法未来

❶ 直説法未来の活用
動詞の原形＋未来を表す語尾 -e, -ás, -á, -emos, -éis, -án

❷ 不規則活用
⑴動詞原形の語尾にある -e- が落ちるタイプ、⑵動詞原形の母音 -e-, -i- が -d- に変わるタイプ、⑶その他のタイプの3パターンがある。
①poder (〜できる)：podr- + -é, -ás, -á, -emos, -éis, -án
②tener (持つ)：tendr- + -é, -ás, -á, -emos, -éis, -án
③hacer (する、つくる)：har- + -é, -ás, -á, -emos, -éis, -án

❸ 直説法未来は、「〜だろうな」と現在の事柄についての推量を表すことができる。

28 接続法現在

❶ 接続法現在は、主動詞が願望、疑惑、命令、否定、可能性などを表す場合、その従属節(接続詞のqueで導かれる文)で使う。

❷ -ar動詞：hablar(hable, hables, hable, hablemos, habléis, hablen)

❸ -er/-ir動詞：comer(coma, comas, coma, comamos, comáis, coman)
vivir(viva, vivas, viva, vivamos, viváis, vivan)

❹ 不規則活用
①直説法現在1人称単数からつくるタイプ、②語幹母音変化動詞、③完全な不規則活用動詞の3タイプがある。
①tener (持つ) (tengo→teng-) : tenga, tengas, tenga, tengamos tengáis, tengan
②dormir (眠る) : duerma, duermas, duerma, durmamos, durmáis, duerman
③estar (〜です/ある、いる) : esté, estés, esté, estemos, estéis, estén

29 命令法

❶ túに対する命令は、規則活用では直説法現在3人称単数と同じ形を使う。
hablar (話す)→habla, comer (食べる)→come, escribir (書く)→escribe

❷ 不規則な命令：
decir (言う)→di, ir (行く)→ve, venir (来る)→ven

❸ vosotros/vosotrasに対する命令は、動詞原形の語末の-rを-dにする。
hablar(話す)→hablad, comer(食べる) →comed, escribir(書く)→escribid

30 接続法過去

❶ 直説法点過去3人称複数の語尾-ronを取って、接続法過去の語尾-ra, -ras,-ra, -ramos, -rais, -ran (-ra形)をつける。
-ar動詞：hablar (hablara, hablaras, hablara, habláramos, hablarais, hablaran)

❷ -er/-ir動詞：comer(comiera, comieras, comiera, comiéramos, comierais, comieran)、vivir(viviera, vivieras, viviera, viviéramos, vivierais, vivieran)

❸ 不規則活用
estar: estuvieron (点過去3人称複数)→estuvie- ＋接続法過去の語尾
ser, ir: fueron (点過去3人称複数)→fue- ＋接続法過去の語尾
querer: quisieron (点過去3人称複数)→quisie- ＋接続法過去の語尾

著者プロフィール
徳永志織（とくなが・しおり）
日本大学経済学部教授。津田塾大学学芸学部英文学科卒業。東京外国語大学大学院博士後期課程単位取得退学。マドリード自治大学哲文学部博士課程修了。博士（言語学）。専門は、スペイン語形態統語論、日西対照研究。明るくパワフルな授業に定評がある。著書に、『快速マスタースペイン語』（語研）がある。

スペイン語校正
Raquel Rodríguez Rubio（マドリード州公立語学学校スペイン語専任講師）

だいたいで楽（たの）しいスペイン語入門（ごにゅうもん） 使える文法

2014年11月30日　第1刷発行
2018年 7 月10日　第3刷発行

著　者　　徳永志織
発行者　　前田俊秀
発行所　　株式会社 三修社
　　　　　〒150-0001　東京都渋谷区神宮前2-2-22
　　　　　TEL03-3405-4511　FAX03-3405-4522
　　　　　http://www.sanshusha.co.jp
　　　　　振替00190-9-72758
　　　　　　編集担当　安田 美佳子
印刷所　　倉敷印刷株式会社
CD製作　　株式会社メディアスタイリスト

©Shiori Tokunaga 2014 Printed in Japan
ISBN978-4-384-04595-6 C1087

JCOPY〈出版者著作権管理機構 委託出版物〉
本書の無断複製は著作権法上での例外を除き禁じられています。複製される場合は、そのつど事前に、出版者著作権管理機構（電話 03-3513-6969 FAX 03-3513-6979 e-mail: info@jcopy.or.jp）の許諾を得てください。

イラスト：七海らっこ
本文デザイン：スペースワイ
カバーデザイン：白畠かおり